TUINIEREN MET KUIPPLANTEN

TUINIEREN MET KUIPPLANTEN

Malcolm Hillier

Foto's:
MATTHEW WARD

ZUID-HOLLANDSCHE UITGEVERSMAATSCHAPPIJ

WEERT

Oorspronkelijke titel:
Container Gardening

Tekstverzorging:
de Redactie, Amsterdam

Vertaling:
Arjen Mulder en Nico Kuipers

Eindredactie:
Paul Krijnen

ISBN 90 5112 201 2
CIP
NUGI 411

Inhoud

Voorwoord

Duizenden jaren geleden werden er al containers – potten, bakken, kuipen en dergelijke – gebruikt om planten in te kweken. Antieke mozaïeken en geschriften leren, dat de oude Egyptenaren, Grieken en Romeinen aromatische soorten als mirte, buxus en laurier in aardewerken potten aanplantten. Zij wisten dat dit een praktische en efficiënte manier was om planten te kweken, vooral in streken met rotsige of arme bodem.

In Zuid-Spanje creëerden de Moren in de eerste helft van dit millennium schitterende omsloten siertuinen, vol met planten in potten. Twee beroemde tuinen die medio 14de eeuw werden aangelegd, in het Alhambra en de Generalife van Granada, bestaan tegenwoordig nog. Ze zijn gerestaureerd en hoewel de vroegere situatie niet helemaal is hersteld, is wel de essentie van het oorspronkelijke ontwerp en beplantingsplan bewaard gebleven.

Middeleeuwse tuinen

In oude, geïllustreerde Engelse manuscripten uit de 12de, 13de en 14de eeuw zijn kastelen en kloostertuinen te zien met planten in potten. Toch duurde het tot de 15de en 16de eeuw voordat het creatieve tuinieren tot volle bloei kwam. Onder Italiaanse invloed werden in de nieuwe tuinontwerpen vaak plantenbakken van steen of lood opgenomen. In Noord-Europa trachtte men de beplanting van het Middellandse-Zeegebied na te bootsen door citrusvruchtbomen in tonnen te telen. Deze tonnen werden 's zomers uit de beschutting van de orangerie naar buiten gereden ter verfraaiing van de geometrisch aangelegde, betegelde terrassen.

De afgelopen twee eeuwen

Ook in de Victoriaanse tijd liep men warm voor deze vorm van tuinieren. Er werden in de 19de eeuw allerlei typen containers geproduceerd, van klein tot groot. Men vervaardigde kopieën van klassieke urnen in gietijzer, maar ook werden traditionele materialen als steen, lood en terracotta gebruikt. Er waren potten, versierd met guirlandes en kransen om op terrassen te zetten naast keurig geschoren gazonnen, en in de zomer plantte men kwetsbare exotische soorten in containers na ze in de kas te hebben voorgeteeld.

Ook begin deze eeuw was men verzot op tuinieren. De serre kwam massaal in de mode en men verhuisde potten met begonia, klokjes, fuchsia, mannentrouw en splitbloem uit de serre naar de tuin of woonkamer om daar kleuraccenten aan te brengen.

Tegenwoordig worden in praktisch iedere tuin bakken en potten gezet. Ook wie geen tuin heeft, kan een bloembak binnen of een hangmand buiten houden. Bakken en potten zijn onmisbaar in tuinen waar de ruimte beperkt is, maar ze zijn ook nuttig om betegelde terrassen, daktuinen en balkons op te sieren.

Viooltjesmand
Een kleine, rustieke mand met viooltjes, geplant om een eenvoudig kleuraccent aan te brengen in een Victoriaanse tuin. Hij zal op een tafel of bank hebben gestaan.

Moorse invloeden
Sierpotten met planten werden op grote schaal gebruikt in de 14de-eeuwse tuin van het Alhambra, die door de Moren werd aangelegd in het Spaanse Granada.

De juiste omstandigheden

Het kweken van planten is een van de grootste genoegens in het bestaan. Het is eenvoudig om ze uit zaad op te kweken of ze te kopen wanneer de kinderziekten al voorbij zijn en ze vervolgens groot te brengen en te zien hoe ze reageren op onze liefdevolle behandeling. Ik zal niet beweren dat alle planten makkelijk zijn op te kweken, maar de meeste soorten vragen weinig meer dan dat ze in de juiste potgrond worden geplant, voldoende water en af en toe wat extra voedingsstoffen krijgen en op de juiste groeiplaats worden gezet. Planten zijn zelden pietluttig en passen zich snel aan zolang hun nieuwe situatie maar niet het absolute tegendeel is van hun normale groeicondities. Deze groeicondities zal ik in de volgende hoofdstukken per soort nader bespreken, zodat u kunt bekijken welke combinaties van planten u het best kunt nemen en waar ze, gegeven de beschikbare ruimte, het best tot hun recht komen.

Bij het kweken van planten in containers heeft u de omstandigheden voor een groot deel zelf in de hand. Iedere plant of plantengroep kan exact het juiste type grond of de gewenste hoeveelheid water en voeding krijgen. Bij het kiezen van planten moet u rekening houden met de plaats waar de container zal worden gezet. Zon of schaduw, open of beschut, erg koud of wat minder koud, het zijn allemaal factoren die een compositie kunnen maken of breken. De meeste planten groeien en bloeien bij voorkeur in de zon of halfschaduw. Een klein aantal geeft de voorkeur aan schaduw en slechts weinig planten zijn gelukkig op een geheel onbeschutte groeiplaats.

De elementen hebben meer invloed op planten in containers dan op dezelfde soorten in goed onderhouden perken of borders. Containerplanten drogen snel uit bij warm of winderig weer, terwijl er maar weinig regen terechtkomt op het kleine grondoppervlak. Bij extreme kou kan de wortelkluit aan de pot vastvriezen. Daar staat tegenover dat u de watertoevoer onder controle hebt en dat planten die slecht bestand zijn tegen tocht op een beschutte plaats kunnen worden gezet. Als u in een streek woont met een gematigd klimaat, kweek dan liever geen kwetsbare soorten of neem anders maatregelen om ze te beschermen tegen de vorst. U kunt vorstgevoelige exemplaren inpakken in een zak of onder een laag adelaarsvaren en, bij voldoende ruimte, de container 's winters ingraven. De beste oplossing, met name voor planten als margriet en fuchsia, is ze in een kas, serre of schuurtje met ramen te zetten.

—— De plaats die hen toekomt ——

Het bijzondere aan containerplanten is dat ze boven grondniveau worden gekweekt en daardoor meer opvallen. U moet er wel voor zorgen dat ze dan ook goed te zien zijn en zo voordelig mogelijk uitkomen. Bovendien moeten ze goed bereikbaar zijn voor de dagelijkse verzorging. Omdat het heerlijk is om 's zomers buiten te eten, moet u erop letten dat er welriekende planten naast de tuintafel staan: lavendel, tabaksplant, lelie, violier, reukgeranium of klimplanten als sterjasmijn, doornappel, jasmijn of kamperfoelie.

Bedenk altijd vooraf of de plant niet te groot of te klein is voor de plaats waar hij komt te staan. Als de ramen van

Een kuip van natuursteen
De spleten in een muur kunnen worden beplant met soorten die maar een beetje grond nodig hebben. Hier staan aubrieta en blauw druifje naast elkaar.

een bepaalde kamer vrij klein zijn, is het onverstandig om er grote planten voor te zetten, omdat die dan teveel licht wegnemen. Wanneer u daarentegen een groep planten voor een hek of een muur zet, kies dan soorten die groot en breed worden. Alle planten die te klein zijn, zinken in het niet bij een groot oppervlak.

— Containertypen —

De grootte van de container is zeer belangrijk. De plant moet niet verdrinken in een bak, maar als de bak te klein is, wordt de plant een speelbal voor de wind. Hij moet groot genoeg zijn voor een goede ontwikkeling van de wortels, vooral wanneer u grotere struiken of bomen wilt gaan kweken.

Het mooist zijn containers die harmonisch opgaan in hun omgeving. Materialen als klei, hout en steen hebben mijn voorkeur, gevolgd door materialen als beton, fiberglas en plastic van goede kwaliteit. Kies potten die passen bij de omgeving. Potten en bakken van terracotta, hout en steen staan mooi bij traditionele bouwmaterialen, terwijl imitatie-natuursteen, wit of gekleurd plastic en fiberglas in een modernere omgeving passen, waar de achtergrond uit glas of geverfd stucwerk bestaat, of waar de bestrating nog heel nieuw is.

Ter aanvulling van minder gebruikelijke aardbeipotten of kruidenpotten, kunnen geïmproviseerde containers heel apart zijn. Oude schoorsteenpotten, gegalvaniseerde emmers en grote geverfde tonnen, tenen manden, oude gootstenen, ketels, bakblikken, steelpannen, grote schelpen, kruiwagens, metalen of plastic vuilnisvaten of holle boomstammen kunnen allemaal worden benut en zijn goedkoop maar wel bijzonder.

Een groepje containers is altijd prachtig om te zien. Plant grote struiken of bomen in de grootste containers achterin de verzameling en vul bijvoorbeeld de lagere containers met eenjarige planten, bollen of laaggroeiende vaste planten. Er zijn geen regels te geven over het combineren van containers, al vind ik het zelf fraaier om niet teveel verschillende typen bij elkaar te zetten.

— Verwering —

De meeste containers zien er aantrekkelijker uit als ze verweerd zijn. In de zon verschijnen er witte vlekken op terracotta, omdat de zouten in de klei uitlogen. In de schaduw zal er mos of korstmos op de zijkant van de pot gaan groeien, waardoor de kleur donkerder wordt tot een diep roestbruin en soms lichter tot een roze of rossige tint. U kunt het verouderingsproces versnellen door yoghurt of mest op de poreuze pot te smeren. Let erop dat u zowel de bovenrand als de zijkanten insmeert.

Steen en terracotta
Een verweerde pot op een terras staat vol met hostablad, het zilverkleurige blad van helichrysum en de bloemen van margriet, ijzerkruid en geranium. Het terracotta van de pot combineert fraai met het natuurstenen plaveisel.

— Tijdelijk of permanent —

Sommige kuipbeplantingen zijn min of meer permanent. De planten kunnen dan jaren in dezelfde pot blijven staan. Andere arrangementen zijn van tijdelijker aard en worden misschien alleen geplant om één of twee seizoenen mooi te blijven. Als tijdelijke plantengroepen over hun hoogtepunt heen zijn, kunt u ze een wat minder prominente plaats geven, mits de potten niet te zwaar zijn. Anders moet u ze uit de pot halen en wegzetten om ze later weer te kunnen gebruiken. Een derde mogelijkheid is om seizoensgebonden kleurpatronen te combineren met meer permanente beplantingen, als er althans ruimte is in de kuip.

Permanente plantengroepen kunnen bestaan uit struiken, bomen of vaste planten, die hetzij afzonderlijk, hetzij in groepen van hetzelfde type plant in één kuip zijn geplant. Tijdelijke, seizoensgebonden plantengroepen bestaan uit een- of tweejarige soorten en uit gemengde of uit één soort bestaande groepen bollen.

Lentekleur
Felrode tulpen (LINKS) groeien in een oude ketel, die is verweerd tot een verbazingwekkend warme, blauw-groene tint. Als de planten zijn uitgebloeid, plant u de bollen over naar de border in de tuin en kunt u de ketel opnieuw vullen met bontgekleurde eenjarigen die van de zomer tot in de herfst bloeien.

Blad als ondergrond
Een rijke aanplant van fuchsia's, geraniums en lobelia's is dicht opeen gezet in een oude houten kar (ONDER). Vaste planten als klimop en kardinaalsmuts die hier zijn gebruikt, bieden een bladrijke ondergrond voor de meer seizoensgebonden zomerbloemen.

Struiken of bomen die in de kuip worden geteeld kunnen heel groot worden en een wortelsysteem vormen dat het grootste deel van de kuip in beslag neemt. Voor het zover is kan men er als ondergroei eenjarige, kleurige of meer permanente kruipende planten onder zetten.
De meeste eenjarigen doen het beter in een geschikte kuip dan in de volle grond, terwijl struiken, bomen en klimplanten in kuipen weliswaar goed groeien, maar toch niet zo groot worden als in het open veld.

Bloemen, blad en geur

De bloeimogelijkheden van struiken en vaste planten zijn minder groot in de kuip dan in de volle grond, zodat het is aan te raden de schoonheid van blad en bloem tegen elkaar af te wegen. Als de groeiplaats in de zon of halfschaduw ligt, kunt u kiezen voor een verzameling planten met fraai blad, dat in kleur van gewoon groen via goud en geelgroen tot heldergeel loopt, van grijs en zilver tot wit en van roestbruin en koperkleur tot roze, paars en paarsrood. Voor een schaduwrijke plaats is de keuze iets kleiner, maar ook daar zijn interessante combinaties mogelijk wat betreft vorm van de planten, bladeren en bloemen.
Geur is essentieel in de tuin. Tot voor kort werden de in de 17de, 18de en 19de eeuw zo gewaardeerde geuren min of meer over het hoofd gezien. In de afgelopen eeuw heeft men bloeiende bloemen vooral bekeken op hun vorm, grootte en kleur en werd minder op de geuren gelet. De laatste tijd wint de geur opnieuw aan betekenis en beschrijven plantencatalogi de geuren van nieuwe hybriden in de meest lovende termen. Grote vooruitgang is geboekt bij de ontwikkeling van nieuwe rozen, die alle kenmerken van de oude rozen hebben, zoals bloemvorm, kleur en geur, maar nu ook op een lang bloeiseizoen kunnen bogen. Veel van de kleinere rozen – de variëteiten die het meest geschikt zijn voor de kuip – hebben heerlijke, rijke geuren.

De gang der seizoenen

De zomer is de tijd voor kleurrijke en weelderige plantengezelschappen en het is ook de tijd dat we buiten kunnen genieten van hun vorm, kleurcombinaties en geur. De meest populaire zomerbloemen hebben hun positie niet zomaar verworven. Het zijn planten die, zoals de geranium, lange tijd achtereen een prachtige bloementooi te zien geven. Vrij veel zomerplanten bloeien tot ver in de herfst, vooral als het weer niet te koud of te winderig is. Chrysanten, margrieten en asters zijn typische herfstbloemen met hun warme roze, rode en oranje kleuren.
We kunnen van groenblijvende vaste planten eindeloos veel plezier hebben. In de koude en vaak grijze wintermaanden verlevendigen ze het uitzicht op de tuin vanuit de warme geborgenheid van het huis. De lente kan tot vlak voor uw venster worden gebracht, met bollen en andere vroege bloeiers, hetzij in bloembakken, hetzij in potten vlak bij het huis. Ons doel moet ten alle tijde zijn onze zintuigen zoveel mogelijk iets te genieten te geven. Combinaties met containerplanten geven u de mogelijkheid om groepen planten samen te stellen in allerlei vormen en maten, waarbij u gebruik kunt maken van bomen, struiken, eenjarige en vaste planten en bollen, die mooie bloemen en bladeren en heerlijke geuren bezitten.

De hele zomer bloemen
De Kaapse lelies in de houten vaatjes langs de rand van dit terras zullen jaar na jaar bloeien, als de winters tenminste niet te koud zijn. Ze tieren welig als ze in kuipen worden geteeld, omdat hun wortels het liefst dicht opeen staan gepakt.

COMBINATIES VAN PLANTEN

Het bij elkaar zetten van planten die elkaars gezelschap prettig vinden is een bron van veel plezier. De kleur van bloemen en bladeren, hun vormen en geuren – het zijn opwindende elementen om mee te spelen. Laat de planten zelf de inspiratie vormen voor uw arrangementen.

HOOG ZOMER

Hangende geraniums onder een bed van dahlia's waar wat malvastrum tussen staat, vormen samen een vibrerende zomercombinatie.

BLOEMBAKKEN

Op een koude wintermorgen mag ik graag uit het keukenraam staan kijken naar de volle, goudgroene planten in de bloembakken, net achter het vensterglas. Het is een plaats waar de zon nooit komt, maar die toch vrij licht is, zodat de planten er altijd gelukkig bijstaan. Iedereen kan er een paar bloembakken op nahouden, zelfs degenen die niet over een tuin beschikken. Natuurlijk hoeven bloembakken niet op vensterbanken te worden gezet. Ze kunnen er prachtig uitzien als ze op de grond staan tegen een muur of een hek, of als ze aan het balkon hangen, zodat kruipende planten langs het huis omlaag kunnen groeien.

Speels kader van klimop
Een kleine pot van terracotta (BOVEN), die is versierd met engelenkopjes en gevuld met anjers, madeliefjes en verbena, staat in alle rust op een richel in een met klimop bedekte muur.

Plantenbakken in Franse stijl
Een massa klimopbladige geraniums (LINKS) groeien uit een plantenbak ergens in Frankrijk. Voor dit resultaat moeten de geraniums op 18-20 cm uit elkaar worden geplant.

De juiste maat

Bloembakken voor het raam zien er het mooist uit als ze precies in het kozijn passen. De bakken worden in verschillende maten gemaakt, zodat het meestal wel mogelijk is om er een te vinden die op uw vensterbank past. Ze worden van een groot aantal verschillende materialen gemaakt: plastic, fiberglas, triplex en terracotta. Soms zijn plastic bakken niet zo sterk. Ze bollen in het midden naar buiten onder invloed van het gewicht van de aarde, maar er zijn klemmen in de handel om de bakken in vorm te houden. Deze bakken zijn het goedkoopst en meestal beschikbaar in wit, zwart en groen. Sterkere plastic bloembakken worden in verschillende vormen verkocht, maar ik vind de eenvoudigste het mooist. Fiberglas is een duurder materiaal, maar het is sterk en gaat vele jaren mee. Ook zijn er simpele ontwerpen en modellen te krijgen, die op lood of beschilderd hout lijken.

Houten bakken zien er altijd mooi uit vanwege hun natuurlijkheid, maar ze zullen op den duur gaan schimmelen, zelfs als ze goed worden behandeld met preservatieven en ieder jaar worden geverfd. U kunt dit probleem omzeilen door een plastic bak te gebruiken die iets kleiner is dan uw raamkozijn en daar dan een houten bak omheen te bouwen. U zet de plastic bak gewoon in zijn houten omhulsel. Als u een kleur kiest voor uw houten kuip kunt u zich het beste schikken naar wat de planten voorschrijven: zeer opvallend gekleurde of te fraai versierde bakken kunnen afbreuk doen aan de schoonheid van de bloemen en het blad in uw plantengroep.

Terracotta

Vanwege de mooie, natuurlijke hoedanigheid van terracotta vind ik bloembakken van dit materiaal eigenlijk altijd het mooiste. Voor u iets koopt moet u goed uw vensterbank opmeten en vooral niet een te grote bak aanschaffen. Bedenk wel dat op onbeschutte plaatsen het zachte terracotta kan gaan schilferen en barsten. In koude streken kunt u ze maar beter niet gebruiken, behalve 's zomers en in het begin van de herfst, vóór de vorst invalt.

Veilig en stevig

Bloembakken kunnen buitengewoon zwaar worden, vooral als ze net water hebben gekregen. Ze moeten dan ook stevig op hun plek worden vastgezet. Op vensterbanken die iets hellen moet u iets onder de voorkant van de bak leggen zodat hij recht staat en metalen haken rond de bloembak of op de vensterbank bevestigen om te voorkomen dat hij omlaag glijdt.

Bloembak-arrangementen op zonnige plekken hebben 's zomers erg veel water nodig. Daardoor dreigt het gevaar dat er langs de muren eronder water gaat lopen. Dit kan voorkomen worden door plastic onderzetters onder de bak te zetten. Die zijn te koop in de meeste tuincentra. De bak mag echter nooit in het water staan.

GEURENDE PETUNIA'S

Het is wat al te simpel om ieder jaar opnieuw dezelfde eenjarige planten in de bloembak te zetten, in de zekerheid dat uw lievelingen het goed zullen doen, drie tot vier maanden zullen bloeien en voor een boel kleur zullen zorgen. Om het interessanter te maken, gebruik ik mijn favorieten in combinatie met minder bekende planten. Petunia is een zeer hardwerkende plant die in de zomer massaal bloemen vormt. Hier wordt hij gecombineerd met de heerlijk geurende, warm-paarse bloemhoofdjes van heliotroop, met de crèmewitte en paarse aren van salvia en met de veelkleurige, liggende stengels van de trandescantia met zijn paarse en zilveren blaadjes – planten die elkaar stimuleren in hun groei. Bedenk dat petunia ieder jaar in verse aarde moet worden gezet, om te voorkomen dat de schadelijke petunia-schimmel wordt overgedragen. Verder heeft hij weinig aandacht nodig, hij moet alleen water krijgen en iedere week wat vloeibare mest.

Praktische tips

Grond
Plant in een doorlatende, normaal vruchtbare potgrond.

Groeiplaats
Zet op een zonnige plek.

Water
Goed water geven, maar niet te nat laten worden. Eenmaal per week vloeibare mest toevoegen.

Planten
Plant vier petunia's, drie heliotropen, drie salvia's en drie trandescantia's in een 75 cm lange terracotta bloembak.

Vullen van een bloembak

1 Maak de bloembak grondig schoon met warm water en een niet-agressief schoonmaakmiddel. Bedek de afvoergaten onderin de bak met schone potscherven.

2 Vul de bloembak met een doorlatende, normaal vruchtbare potgrond. Als de potgrond is uitgedroogd, bevochtig hem dan alvorens de planten erin te zetten.

3 Experimenteer met de plaats van de planten zolang ze nog in de pot zitten, tot u tevreden bent met het resultaat. Zet de grote planten aan de achterkant en de kruipende planten aan de zij- en voorkant. Haal de planten uit hun pot, maak de wortels los aan de basis van de wortelkluiten en zet ze dan met wat extra potgrond stevig op hun plaats. Na het planten moet de aarde ongeveer 2 cm onder de rand van de bak staan om water geven mogelijk te maken.

Plaats van de planten
Heliotroop (RECHTS) neigt ertoe te verwilderen, zodat hij het beste achterin de bak kan worden geplant. Pluk in het begin de groeitoppen af, zodat hij een struikvorm aanneemt. Plaats de petunia en tradescantia voorin, met rechtopstaande salvia daartussen. In de vroege zomer planten. Dit arrangement zal slechts één jaar bloeien.

Heliotroop
(*Heliotropium peruvianum*)
De geur van deze bloemen doet denken aan die van gekookte kersen.

Petunia (*Petunia* x *hybrida* Star-reeks)
De witgestreepte bloemen zijn er in allerlei kleuren.

Salvia (*Salvia splendens* Cleopatra-reeks)
De bloemaren ontluiken van zomer tot vroege herfst.

Negentiende-eeuws
De warme, dieprode, paarse en witte kleurenpracht van petunia, heliotroop, salvia en tradescantia in een oude, terracotta bloembak geeft het arrangement een 19de-eeuwse toets.

Tradescantia (*Tradescantia fluminensis* 'Variegata')
Een goede kruipplant voor een bloembak met zomerbloemen.

KLEURIGE ZOMERBLOEMEN

Ik houd van plantencombinaties die iets positiefs uitdrukken. Dat betekent niet dat de kleuren met alle geweld moeten stralen, of dat de verschillende blad- en bloemvormen van de planten opvallend moeten verschillen. Het wil zeggen dat het geheel een idee van orde moet uitdragen, waardoor het de indruk maakt dat het zo moet zijn en niet anders.

In deze zomerplantenbak welven gele gazania's zich over de rand omlaag, onder kussentjes met de delicate blaadjes en de grote gouden en crèmekleurige bloemen van de zinnia. Daardoor blijven de zijkanten van de bak verrassend goed zichtbaar. De kleuren combineren prachtig: alhoewel geel en goud de boventoon voeren, is er contrast in de bak gebracht door er de zilverkleurige blaadjes van de gazania en de witgele, madeliefjes-achtige bloemen van het moederkruid bij te zetten. Ik vind niet dat u zich aan vaststaande regels moet houden over kleur en vorm, omdat de plantenbak dan al snel saai en voorspelbaar wordt. Laat uw fantasie de vrije teugel. Het meest geslaagde arrangement komt tot stand als u een beetje durf mengt met veel gezond verstand.

Zinnia (*Zinnia elegans*)
Voor optimale bloei regelmatig verwelkte bloemen verwijderen.

Gouden marjolein (*Origanum vulgare* 'Aureum')
Een heerlijk keukenkruid, dat er nog prachtig uitziet ook.

Gouden moederkruid (*Chrysanthemum parthenium* 'Aureum')
Regelmatig terugsnoeien bevordert het bloeien van de struikachtige stelen.

Zomerse zonneschijn
Door zomerbloemen te mengen met fraaie bladplanten, kan men zelfs de allerbekendste vertrouwde soorten nieuwe glans geven. Hier zijn zinnia's en gazania's gecombineerd met het opmerkelijke blad van de goudkleurige marjolein en een vergelijkbaar ras van moederkruid, zodat er een combinatie ontstaat waaruit de zomer u tegemoet straalt. Gazania- en zinniabloemen hebben zon nodig om open te gaan, maar de bloemen van de marjolein kunnen het beste worden verwijderd om het blad optimaal te laten uitkomen.

Gazania (*Gazania uniflora*)
Een prachtige combinatie van zilveren blaadjes en gele bloemen.

Praktische tips

Grond
Plant in een doorlatende, normaal vruchtbare potgrond.

Groeiplaats
Zet op een zonnige plek.

Water
Geef niet teveel water. Eens per week mesten.

Planten
Plant twee gazania's, vier zinnia's, twee exemplaren van de gouden marjolein en twee van het gouden moederkruid in een 75 cm lange houten plantenbak, die geel is geverfd.

Blauwe achtergrond
Plantenbakken hoeven niet altijd op de vensterbank te staan. De bak is hier tegen een oude, niet meer gebruikte deur gezet. De diep blauwe kleur van de deur geeft aan de gele en gouden tinten van de zomerbloemen een enorme kracht.

GLANZENDE BLOEMEN EN BLADEREN

Zilverkleurig blad en witte bloemen kunnen samen een subtiel, stralend resultaat opleveren in een eenvoudige, witte plastic bloembak. Dit zomerse geheel kan het best op een lage vensterbank worden gezet en in de volle zon staan. Zet hem niet aan de straatkant, want zilverkleurige bladeren worden snel aangetast door vervuiling en witte bloemen worden snel een beetje viezig. Verdorde bloemen van de witte geranium en margriet moeten worden afgeplukt zodat de planten voortdurend blijven bloeien. Andere planten met witte bloemen kunnen de geraniums vervangen: witte rassen van de klokjesbloem, petunia, viooltje, vlijtig liesje en de tabaksplant zorgen allemaal voor een spectaculair zomerschouwspel. Kies voor een combinatie met verrassende contrasten zorgt.

Heiligenbloem (*Santolina neapolitana* 'Sulphurea') Bleekgele bloemen ontluiken 's zomers boven de zilverkleurige, aromatische bladeren.

Senecio (*Senecio maritima*) Wanneer men deze plant eenjarig teelt, groeit zijn fijne, zilverwitte blad erg snel, zodat het soms moet worden teruggesnoeid.

Wit en zilver
De eenvoudige, witte, plastic bloembak doet de verschillende vormen en soorten van de zilverkleurige bladeren goed uitkomen in dit lichte arrangement en weerspiegelt tegelijkertijd het heldere wit van de geranium en de margriet. De bleekgele heiligenbloem geeft net dat beetje kleurvariatie in het geheel.

Witte geranium (*Pelargonium* 'Modesty')
Een mooie, helder witte vorm van een van de meest betrouwbare eenjarige planten.

Margriet
(*Chrysanthemum frutescens*)
Een kleinbloemig ras, ideaal om in een bloembak te telen.

Praktische tips

Grond
Plant in een doorlatende, normaal vruchtbare potgrond.

Groeiplaats
Zet op een zonnige plek.

Water
Geef flink veel water maar zorg dat de grond niet te nat wordt.

Planten
Plant drie witte geraniums, twee margrieten, twee cineraria's, een heiligenbloem, twee exemplaren van het citroenkruid en vier exemplaren van de plectostachys in een 80 cm lange witte, plastic bloembak.

Citroenkruid
(*Artemisia abrotanum*)
Een half-vast struikje waarvan het blad een sterke geur verspreidt.

Plectostachys
(*Plectostachys serpyllifolium*)
Het tere, zilverkleurige blad van deze smalbladige, vorstgevoelige, vaste plant valt vloeiend over de bloembak.

HET EINDE VAN DE ZOMER

Eenjarige planten worden meestal gewaardeerd om de bloemen die ze vormen en om hun bloeitijd, maar een groot aantal soorten en rassen hebben ook bladeren die met veel succes kunnen worden gebruikt. Drie rassen in deze plantengroep kunnen prat gaan op hun schitterende blad, al heeft de Oostindische kers met zijn bonte blad vol met roomwitte spatten de voorzijde van het arrangement enigszins overwoekerd.
De siernetel achterin de bak wordt alleen om zijn blad geteeld, dat dan ook een verbluffend kleurenscala vertoont. Het bijzondere aan begonia is, dat zowel bloem als blad zeer sierlijk zijn. De sterk geaderde, hartvormige bladeren brengen een krachtig accent aan in iedere plantengroep en de bloemen bloeien maandenlang. Zowel begonia als waterkers bloeien opmerkelijk goed in de herfst, wanneer veel andere eenjarigen het al hebben laten afweten.

Petunia (*Petunia* x *hybrida* 'Red Satin')
De rode bloemen krijgen geen vlekken van slecht weer.

Verwoede groeiers
Alle eenjarigen in deze plantengroep, en dan vooral de Oostindische kers, zijn sterke groeiers, die daarom niet in een al te bijzondere of mooie plantenbak moeten worden gezet. Als het geheel op zijn hoogtepunt is, bedekken bloem en blad de zijkanten van de bak.

Praktische tips

Grond
Plant in een doorlatende, normaal vruchtbare potgrond.

Groeiplaats
Zet op een zonnige plek, waar niet teveel tocht optreedt.

Water
Houd de grond vochtig, maar niet te nat. Niet teveel mest geven.

Planten
Plant vijf exemplaren van de Oostindische kers, drie siernetels, drie trompetvormige begonia's en drie petunia's in een 70 cm lange, plastic bloembak.

Begonia (*Begonia x tuberhybrida*)
De lichtoranje bloemen zijn een aanvulling op de overige kleuren in deze plantengroep.

Siernetel (*Coleus blumei*)
Een half-winterharde eenjarige die geteeld wordt om zijn kleurrijke blad.

Oostindische kers
(*Tropaeolum majus* 'Alaska')
De eetbare bloemen kunnen worden gebruikt als garnering van salades.

HEIDENEVEL

Er bestaan tegenwoordig zoveel heidevariëteiten, dat men iedere maand van het jaar over bloeiende heide kan beschikken. Heide heeft een zeer speciale verzorging nodig: zure grond en natte omstandigheden. Door heide in een kuip te kweken, kunt u makkelijk aan deze vereisten voldoen en de planten tot bloei brengen. Van *Calluna vulgaris*, de soort in deze witte bloembak, zijn vele rassen geteeld, met bloemen die van roze, via paars en lila tot wit lopen. De bloemtrossen verschijnen, afhankelijk van het ras, van de late zomer tot de vroege winter en doen het voortreffelijk in combinatie met coniferen, die dezelfde groeivoorwaarden hebben.
Wanneer deze heideplanten zijn uitgebloeid, moeten de bloemhoofdjes worden gesnoeid. Deze plantengroep zal er met zijn gemengde blad de hele winter fraai uitzien. U kunt deze heide ook vervangen door rassen van *Erica* x *darleyensis*, die de hele winter roze, crèmekleurige en rode bloemen dragen.

Struikheide (*Calluna vulgaris* vars.)
Een winterharde vaste plant, die van de late zomer tot de vroege winter bloeit.

Moerasbloemen
Hier wordt de achtergrond van de mistige kleuren van de heideplanten gevormd door een zilvergrijze wolk van cypresseblad. Om de bloei te verlengen dient men de heide wekelijks te besproeien, ter nabootsing van het oorspronkelijke moerassige milieu van de planten.

Praktische tips

Grond
Plant in mengsel van zure (heide) potgrond, turf en scherp zand (verhouding 3:2:1).

Groeiplaats
Zet op een zonnige plek die beschut is tegen koude wind.

Water
Geef water zolang het nog niet vriest, om de planten nat te houden en geef eens per maand vloeibare mest.

Planten
Plant vijf dwergcypressen, vijf heide- en vier klimopplanten in een 75 cm lange plastic bloembak.

Dwergcypres
(*Chamaecyparis lawsoniana* 'Nana Glauca')
Een traaggroeiende conifeer.

Klimop
(*Hedera helix* 'Elegance')
Een kruipende zilver-gerande vorm.

Gesnoeide heg

Snoei de coniferen in deze plantenbak zodat er een miniatuurhegje ontstaat als achtergrond van dit arrangement. Dit kan het best in de nazomer gebeuren, als de nieuwe groei tot rust is gekomen.

Daarna moet u ze af en toe wat bijknippen, misschien twee keer per jaar, om ze keurig in vorm te houden.

EEN STEL GROENBLIJVERS

Een verrassend breed scala aan vaste planten beschikt over interessant gevormde of aantrekkelijk gekleurde bladeren. Dit maakt ze geschikt voor overjarende kuipplantpartijen en met name voor winter-arrangementen. Extreem strenge winters kunnen een probleem vormen voor planten in kuipen, maar een kleine selectie is in staat om de ijzige aanvallen van de winter te weerstaan. Hiertoe behoren soorten met fraaie bladeren, als *Abelia* x *grandiflora*, dwergmispel, zwerfheide, kardinaalsmuts, hulst, katoenplant, liguster, buxus, klimop, lavendel, rotsheide, maagdenpalm en vele coniferen, zoals schijncypres, jenverbes, spar, *Taxus cuspidata* en *Tsuga canadensis*.

Een amusant winter-arrangement krijgt u door sierkool en vaste skimmia in de herfst te planten (ZIE PAGINA 164-5). Hun lichte, bonte bladeren zullen een winter lang een lust voor het oog blijven. Net als eetbare kool schieten ook de siervormen op den duur door. U zult ze dus in het voorjaar uit de grond moeten trekken.

De kuipen zelf kunnen ook te lijden hebben van erg lage temperaturen, met name terracotta potten en geglazuurd-keramische bakken. Sommige daarvan zijn vorstbestendig. Als u in een streek woont waar het vaak vriest, moet u daar bij aankoop op letten.

Praktische tips

Grond
Plant in een enigszins zure potgrond.

Groeiplaats
Zet op een beschutte, zonnige of halfbeschaduwde plek.

Water
Geef nu en dan water, maar stop daarmee als de temperatuur onder het nulpunt daalt.

Planten
Plant drie skimmia's, vijf senecio's en vier exemplaren van het appeltje-der-liefde in een 80 cm lange, houten plantenbak.

Winterknoppen en bessen
Een witte, houten plantenbak vormt een uitstekende ondergrond voor deze combinatie van donkergroen, zilver en oranje. In gematigde streken zal deze plantengroep van de late herfst tot de vroege zomer een kleurenpracht te zien blijven geven, doordat de skimmia's de hele winter paarse knoppen en 's zomers witte bloemen vormen. De plantengroep is niet geschikt voor erg koude streken.

Appeltje-der-liefde
(*Solanum capsicastrum*)
Er bestaan ook rassen met gele en witte bessen.

Oosterse levensboom (*Thuja orientalis* 'Aurea Nana')
Als u deze compacte, goudkleurige bladerbollen laat uitrijpen, zullen ze uiteindelijk een ovale vorm aannemen.

Choisya (*Choisya ternata* 'Sundance')
De bladen blijven het hele jaar goudkleurig. De geurende bloemen gaan laat in het voorjaar open.

Jeneverbes (*Juniperus conferta*)
Een lage, bodembedekkende conifeer, ideaal om voorin een plantenbak te planten.

Kardinaalsmuts (*Euonymus fortunei* 'Emerald 'n' Gold')
Het glanzende, goudkleurige en groene blad krijgt 's winters een paarse tint.

Gouden glans

Een honingkleurige, betonnen plantenbak draagt een verzameling struikjes met goudkleurige en groene blaadjes. Bijzondere zorg voor de plaatsing van de planten leidt tot een treffend totaalbeeld. Dit arrangement ziet er het hele jaar prachtig uit

Skimmia (*Skimmia japonica* 'Rubella')
Om voor een goede partij bessen te zorgen, moet u in de buurt van skimmia een mannelijke plant zetten.

Senecio (*Senecio maritima*)
Al wordt deze zilverkleurige plant meestal eenjarig geteeld, toch is hij in staat om zachte winters te overleven.

Praktische tips

Grond
Plant in een normale potgrond.

Groeiplaats
Geschikt voor elke plek.

Water
Geef 's winters eens in de twee weken water, behalve als de temperatuur onder het nulpunt daalt. Houd de grond 's zomers vochtig en mest eens per maand.

Planten
Plant twee Oosterse levensbomen, twee choisya's, drie kardinaalsmutsen en een jeneverbes in een 105 cm lange, betonnen plantenbak.

Barok in terracotta

Met zijn lichtblauwe sierkrullen en uilepoten lijkt deze bizarre plantenbak te vragen om een ongebruikelijk kleurenpatroon. Een groot aantal kleuren zouden het er goed in doen, maar deze combinatie van oranje, roze, kastanjebruin en roestkleur is bijzonder geslaagd te noemen. De oranje hyacinten halen de kleur van de aardewerken bak op en combineren verbazingwekkend goed met het roze. De kastanjebruine en roestkleurige aurikels benadrukken de bleekroze tint van de tulpen en het toefje geel versterkt de werking van de andere kleuren, waardoor het hele patroon tot leven komt.

Voorjaarsgeuren

Dit is een arrangement dat zowel de reuk als het gezicht op aangename wijze aanspreekt. De hyacint verspreidt een geur die de essentie van het voorjaar lijkt uit te drukken, al kan deze bijna te sterk worden. Aurikels verspreiden een zoete, frisse geur, die enigszins doet denken aan vroege baardirissen. Verfijnder maar nogal doordringend is de reuk van de stengelloze sleutelbloem en zelfs de tulpen verspreiden een licht, zoet, pittig odeur.

Voorzichtigheid geboden

Alle primula's zijn uitstekend geschikt om in bakken te planten, al moeten de aurikels worden beschermd tegen de regen om goed te kunnen bloeien. De beschutting van een raam is ideaal. Voorzichtigheid loont hier, want slechts weinig tuinplanten bieden zulke buitengewone en prachtige kleurencombinaties.

Praktische tips

Grond
Plant in een lichte, normaal vruchtbare potgrond.

Groeiplaats
Zet op een zonnige of halfbeschaduwde plek, die beschut is tegen zware regenval.

Water
Houd de bak enigszins vochtig, niet te droog.

Planten
Plant zeven hyacinten, zes aurikels, tien tulpen en drie stengelloze sleutelbloemen in een 68 cm lange, handgemaakte terracotta plantenbak.

Hyacint
(*Hyacinthus orientalis* 'Oranje Boven')
Net als de meeste rassen verspreidt deze vorm een heerlijke geur.

Stengelloze sleutelbloem
(*Primula vulgaris*-hybriden)
Ideaal om met voorjaarsbollen in een bloembak te zetten.

Krullen van klei
De bak kan het best zo worden gezet dat hij zo goed mogelijk te zien is. De hyacinten, tulpen, aurikels en stengelloze sleutelbloem trekken de aandacht in deze decoratieve met de hand vervaardigde plantenbak. Ik heb geen enkele kruipende plant als maagdenpalm of klimop gebruikt, omdat die de kuip zouden overdekken en daardoor het markante patroon aan het oog onttrekken.

Tulp (*Tulipa* 'Peach Blossom')
Een fraaie, gevulde vorm die in het vroege voorjaar bloeit.

Aurikel
(*Primula auricula*)
Deze alpiene primula's zijn in een zeer breed kleurenpalet te verkrijgen.

Sierterracotta
De lichte tinten van deze rijk gedecoreerde bloembak verzachten de harde kleur van nieuwe terracotta.

DE MOOIE HELLEBORUS

Helleborus (nieskruid) beleeft opnieuw een grote populariteit en dat lijkt me terecht. Het is een van de weinige vaste planten die in de winter en het vroege voorjaar bloeien en bovendien van onschatbare waarde is voor groepen containerplanten in dit karige seizoen. Hier heb ik *Helleborus* x *sternii* gebruikt. Zijn geweldige, groene bloemen houden het twee maanden lang uit in de late winter en het vroege voorjaar, gelijk opgaand met de eerste tulpen. De kerstroos (*Helleborus niger*) is de meest geliefde helleborus en de eerste die in bloei komt. Zijn helderwitte bloemen bloeien meestal met Kerstmis. *Helleborus orientalis* bloeit later, maar biedt een scala aan kleuren, van wit en groen tot diep, pruim-roze, vaak met delicaat gestipte bloemblaadjes. Beide soorten doen het erg goed in bakken.

Helleborus
(*Helleborus* x *sternii*)
Een tamelijk winterharde helleborus. In koudere streken kunt u beter *Helleborus orientalis* aanplanten.

Praktische tips

Grond
Plant in een doorlatende, zeer vruchtbare potgrond, waardoor twee handen compost zijn gemengd.

Groeiplaats
Kan het best in de halfschaduw staan.

Water
Vochtig houden, maar laat de potgrond niet te droog worden.

Planten
Plant vier helleborusplanten en vijftien tulpen in een 60 cm lange, terracotta bloembak.

Waterlelietulp
(*Tulipa* 'Ancilla')
Een laaggroeiende Kaufmanniana-hybride, een tulp van het vroege voorjaar.

Porseleinen bloemen
Een eenvoudige maar treffende voorjaarscombinatie met helleborus en tulp, in een terracotta sierbak. De gestreepte tulpen vormen een interessante ondergrond bij de helleborus. Plaats de plantenbak zo dat u optimaal kunt genieten van de verfijnde, bijna porseleinen bloemen van de helleborus.

POTTEN

De traditionele bloempot die van onder naar boven een steeds grotere diameter krijgt, is al sedert de Romeinse tijd in gebruik. Tot voor kort werd deze pot altijd van terracotta gemaakt, een poreuze rode klei die eenmaal is gebakken en zeer fraai wordt, maar ook kan breken en schilferen als hij verweert, vooral bij lage temperaturen. Soms zijn er bepaalde stoffen aan de klei toegevoegd voor hij de oven ingaat om hem vorstbestendig te maken. Indien u in een streek woont waar het regelmatig vriest, moet u zich ervan vergewissen dat de terracotta potten die u koopt aldus zijn behandeld.

Decoratieve, geglazuurde keramische potten, vaak afkomstig uit het Verre Oosten, Italië en Spanje, zijn nu alom verkrijgbaar. Ze zijn te krijgen in verschillende fraaie kleuren maar zijn zo mogelijk nog minder vorstbestendig, omdat glazuur erg makkelijk barst. Desondanks zijn vrij veel potten wel vorstresistent, dus controleer dat even bij aankoop.

Chinese keramiek
Tegen een achtergrond van een wolk lavendel komen de blauw-geglazuurde Chinese potten met geraniums (BOVEN) bijna plechtig uit op de rand van een trap van baksteen en natuursteen.

Effecten met verf
Kruiden die volle zon verlangen (LINKS) staan bijeen in een verzameling opgekleurde terracotta potten, een effect dat wordt bereikt door een oplosbare waterverf op de buitenkant van de potten aan te brengen.

Omdat terracotta zeer poreus is, absorbeert het veel vocht uit de potgrond. Dit vocht verdampt vervolgens. Hierdoor moet aan planten in terracotta potten meer water worden gegeven dan aan planten in plastic potten. Het is ook aan te raden om terracotta potten voor het planten in het water te zetten, tot ze zoveel mogelijk water hebben geabsorbeerd en het is ook van belang om planten na het verpotten voldoende water te geven.

Patina van de ouderdom

De afgelopen dertig jaar zijn plastic potten algemeen in gebruik gekomen. Ze zijn goedkoper dan terracotta, vorstbestendig en absorberen minder vocht uit de grond, omdat ze niet poreus zijn. Maar dit betekent wel dat ze bij het ouder worden geen patina ontwikkelen en dit patina maakt terracotta potten nu juist zo mooi en interessant. Als ik een terracotta pot aanschaf, smeer ik de buitenkant in met yoghurt om het verweringsproces te versnellen. In de schaduw wordt de yoghurt snel bedekt met mos, in de zon ontstaan grijswitte vlekken. Bakken van natuursteen of beton verweren ook op deze manier.

De traditionele kleur van terracotta is soms wat aan de harde kant. U kunt hem veranderen door de potten zelf een kleurtje geven (LINKS): u smeert er dan wat muurverf op waterbasis op. Ik vind blauw-groen en rozerood het mooist. Geeltinten voldoen niet zo goed als de eerder genoemde kleuren.

Groepen potten

Kleinere potten kunnen sterkere accenten op een terras of patio aanbrengen, wanneer ze in een groep worden gezet. Ze zien er ook adembenemend uit op een oude, ijzeren plantenstandaard (ZIE PAGINA 127). Ze hoeven niet allemaal dezelfde vorm of grootte te hebben. Vaak zien groepen potten er juist treffender uit als ze uit allerlei soorten en maten bestaan. Er is een hoop plezier te beleven aan het combineren van verschillende materialen. Steen, beton en terracotta passen prima bij elkaar. Minder gebruikelijk is een combinatie van geglazuurde keramische potten, mooi vormgegeven kuipen van plastic of fiberglas en glanzende metalen potten, hoewel deze elkaar ook kunnen aanvullen en zo een verfijnd geheel vormen.

Ik vind dat potten ook goed gebruikt kunnen worden in kruidenborders. Wanneer u de potten vult met bloeiende planten of gekleurde blad, kunnen ze een gedeelte van de tuin dat in een bepaalde periode van het jaar geen kleur heeft, opfleuren. Ze brengen ook een beetje hoogte op een plaats waar alleen laaggroeiende of jonge planten staan.

IN ÉÉN WOORD: TULPEN

Eenvoudige voorjaarsbollen als tulp, hyacint, krokus en narcis, doen het in ieder type bak of pot. Ze zijn niet veeleisend en evenmin erg kwetsbaar voor de kou. Alleen zware stormen en stortregens kunnen het uiterlijk van bloeiende tulpen enigszins verknoeien.

De tulp wordt al eeuwen zeer gewaardeerd door tuinliefhebbers, wat bollenkwekers heeft aangemoedigd om steeds meer hybriden en vormen te telen. Bollenkwekers geven aan of de bollen vroeg, laat of in het midden van het seizoen bloeien, maar dat is niet altijd zo vanzelfsprekend als het lijkt. Om er zeker van te zijn dat alle bloemen in een arrangement tegelijkertijd ontluiken, is het het verstandigst om niet meer dan één variëteit per pot te telen, tenzij u de variëteiten door en door kent.

—— Aanplanten in lagen ——

Plant de bollen in het midden of het einde van de herfst. Laat ze in geen geval uitdrogen. Ervan uitgaand dat de bollen in goede conditie verkeren, kunt u ze tot vroeg in de winter planten. Ze zullen na een maand of vier, vijf in bloei komen. De beste resultaten krijgt u door iedere herfst nieuwe bollen te planten en de oude naar de tuin te verplaatsten.

Om een compacte en daarmee bijzonder fraaie groep tulpen te krijgen, dient u de bollen in twee lagen te planten. Zo krijgt u op hetzelfde oppervlak twee keer zoveel bloemen, wat een spectaculair gezicht is. Hier heb ik het aangedurfd om twee verschillende variëteiten door elkaar te planten: een pakkende, geel- en roodgestreepte parkiettulp en een mooie, dieprode, gerande vorm. Ik had beide variëteiten al eerder geplant en ik wist daarom dat ze gelijktijdig zouden bloeien.

Bollen in potten planten

1 Leg een paar schone potscherven op de bodem van de pot om het afvoergat te bedekken en voeg wat houtskool toe om te voorkomen dat de grond verzuurt. Druk vervolgens een licht-basische potgrond aan tot ongeveer 20 cm onder de rand van de pot. Zet hierop de 'Flaming Parrot'-bollen, op 2 cm van elkaar.

2 Strooi nog wat potgrond over de bollen tot ze bijna geheel zijn bedekt. Zet een paar 'Redwing'-tulpen op de plekken die zijn opengelaten in de eerste laag. Druk dan weer potaarde aan tot 2 cm onder de rand van de pot, zodat het mogelijk blijft om de bollen te begieten. Geef niet teveel water.

Het ideale koppel

Er bestaat een enorm scala aan tulpebloemvormen en -kleuren, zodat de ondernemende tuinier een eindeloze reeks mogelijkheden heeft om de meest oogstrelende combinaties te creëren. Met hun gele en rode kleur, hun variabele bloemvorm en verschillende hoogten vormen 'Flaming Parrot' en 'Redwing' een ideaal koppel. Beide zijn laatbloeiende hybriden.

Praktische tips

Grond
Plant in een doorlatende, licht-basische potgrond.

Groeiplaats
Zet in zon of halfschaduw.

Water
Houd de potgrond licht vochtig, maar geef geen water als het erg koud is.

Planten
Plant twaalf 'Redwing'-tulpebollen en vijftien 'Flaming Parrot'-bollen in een keramische bak met een diameter van 30 cm.

Parkiettulp (*Tulipa* 'Flaming Parrot')
Parkiet- of papagaaitulpen hebben geplooide bloembladen. Ze bloeien in de late herfst.

Tulp (*Tulipa* 'Redwing')
Een dieprode, gesloten bloem met gerimpelde zomen aan de bloembladen.

De roze tulp 'Picture'
'Picture', die zich onderscheidt door zijn bleekroze, wasachtige bloem, is een bijzonder aantrekkelijke tulp voor een oude, verweerde, terracotta pot. Ik heb hier twintig bollen in een pot met een diameter van 30 cm gezet en toen de potgrond afgedekt met mos.

ZUILEN

Ranonkel (*Ranunculus asiaticus*)
De bloemen zijn er in één kleur of in een mengsel van rood, oranje, geel, roze en wit. Ze kunnen egaal of gestreept zijn.

Zolang de gele narcis, de sterhyacint en het blauwe druifje de populairste voorjaarsplanten blijven, zullen normale groepen lenteplanten altijd weer worden opgebouwd uit een combinatie van geel en blauw. Ik wilde eens iets anders. Ik vond deze opvallende aardewerken zuilen aanvankelijk helemaal niet voorjaarsachtig. Maar bedekt met zwart glazuur vol bruine en benzine-blauwe vlekken, komen ze schitterend uit onder een plantenbak met ranonkel en brem.
Ranonkel heeft kleine, gevulde, pioenachtige bloemen en behoort tot dezelfde familie als de boterbloem. In gematigde streken en bij voldoende beschutting tegen vorst in de winter, komt hij aan het eind van de lente in bloei. Wanneer kleine planten worden buitengezet zodra er geen kans meer is op vorst, bloeien die niet voor juli of augustus. De brem die ik hier heb gebruikt, is evenals de ranonkel een half-winterharde plant en heeft ook beschutting tegen vorst nodig.
In de lente produceert hij lange tijd een reeks heldergele bloemen, die heerlijk geuren en wekenlang houden. Een kruipende, krullende klimop is in alle zuilen geplant om de al te stralende kleuren iets te dimmen.

Praktische tips

Grond
Plant de ranonkel in een rijke potgrond die gemengd is met compost. De brem en klimop vragen doorlatende, weinig vruchtbare potgrond.

Groeiplaats
Zet op een beschutte plek in de zon.

Water
Goed water geven tot de grond bijna kletsnat is, behalve bij de brem die van weinig vocht houdt.

Planten
Plant zes ranonkels en vier klimop-planten in een van de grotere zuilen (50 cm in doorsnee), één brem en vier klimop-planten in de andere grote zuil en tenslotte twee klimop-planten in de kleine zuil (30 cm in doorsnee).

Klimop (*Hedera helix* 'Parsley Crested')
Deze vorm krijgt een enorme hoeveelheid lichtgroene, gezoomde blaadjes.

Brem (*Cytisus* x *spachianus*)
De heerlijke geur van deze brem van de Canarische Eilanden is op grote afstand te ruiken als er een briesje staat.

Zuilen
Handgemaakte zuilen met een mat-zwarte, bruine en benzine-blauwe glans zijn opmerkelijk als plantenbak.

Kiezelsteen als ondergrond

Een zonnige combinatie van ranonkel, brem en klimop ziet er zelfs bij somber weer bijzonder vrolijk uit. Zet dit arrangement op een ondergrond van kiezel, natuursteen of grijze tegels. Een met klimop overwoekerde muur vormt een uitstekende achtergrond.

ELEGANT GEZELSCHAP

Slecht een klein aantal voorjaarsbollen groeit uit tot werkelijk grote planten. Tot deze groep behoren de salomonszegel (ONDER), die aan het eind van de lente in de schaduw of halfschaduw bloeit, en de keizerskroon (RECHTS). De keizerskroon wordt geteeld in drie kleuren – geel, oranje en dieprood – en floreert in de lente optimaal in de halfschaduw of zon. Terwijl de keizerskroon sterk de aandacht trekt, is de salomonszegel rustig, bescheiden en elegant. Beide hebben bloemen die vrij hoog boven de grond ontluiken. Het is daarom het mooiste als onder deze bloemen een kussen met laaggroeiende planten in complementaire kleuren wordt geplant, die in dezelfde tijd bloeien als de grotere planten. Viooltjes en vergeet-mij-nietjes vervullen deze rol uitstekend, maar gevulde madeliefjes of aubretia's zijn goede alternatieven. Keizerskroon en salomonszegel kunnen jaren achtereen in dezelfde pot bloeien. Laat na de bloei de grond uitdrogen en het blad afsterven.

Verweerd terracotta

Beide arrangementen zijn in versierde terracotta potten gezet. Om het verweren te versnellen heb ik yoghurt op de pot met de keizerskroon gesmeerd. De yoghurt trok mos en korstmos aan, wat tot bijzonder mooie effecten leidde.

Salomonszegel (*Polygonatum* x *hybridum*)
De witte, hangende, trompetvormige bloemen hebben een groen topje.

Vergeet-mij-nietje (*Myosotis* 'Blue Ball')
De helderblauwe bloempjes verschieten naar paarsroze. Deze vorm kan het best als tweejarige plant worden geteeld.

Klodders licht
De gracieuze, overbuigende stengels van de salomonszegel rijzen in alle rust op uit het schuim van zachtblauwe vergeet-mij-nietjes en laten daarboven hun witte bloempjes hangen. Deze subtiele combinatie is een van mijn favorieten, die er heel bijzonder uitziet in de klodders licht onder een loofboom die juist in blad is gekomen.

Praktische tips

Grond
Plant in een doorlatende, normaal vruchtbare potgrond.

Groeiplaats
Zet in zon of halfschaduw.

Water
Geef zoveel water dat de grond net vochtig blijft. Laat na de bloei de grond uitdrogen.

Planten
Plant acht keizerskronen en zes viooltjes in een terracotta pot (diameter 42 cm).

Keizerskroon
(*Fritillaria imperialis* 'Lutea')
Plant de bollen in de herfst, zodat hij in de lente bloemen krijgt.

Viooltje
(*Viola* x *wittrockiana* Universal Series)
Een mooi, oranjekleurig ras dat bloeit van de vroege lente tot midden in de zomer.

Keizerlijk goud
De combinatie van gele keizerskroon en oranje viooltjes doet het fraai in deze verweerde terracotta pot. Helaas verspreidt de keizerskroon een nogal ranzig luchtje, dus kunt u de kuip het beste zo zetten dat hij wel te zien, maar niet te ruiken is.

Praktische tips

Grond
Plant in een doorlatende, zure potgrond, die verrijkt is met bladaarde.

Groeiplaats
Zet in de halfschaduw.

Water
Houd de grond het hele jaar door enigszins vochtig. Na de bloei tot eind juli wekelijks mest geven.

Planten
Plant één azalea en vier varens in elk van de terracotta potten (diameter 42 cm).

FLAMBOYANTE AZALEA'S

Azalea's en andere rododendrons zijn heel makkelijk in kuipen te telen. In de natuur zijn ze bosplanten en ze doen het dus het beste in zure grond op schaduwrijke plaatsen. Ze houden niet van erg heet, droog zomerweer. Idealiter moet u ze als solitair aanplanten of in combinatie met andere permanente beplanting, zodat hun wortels niet te vaak worden verstoord.

Lentebloemen

De meeste azalea's bloeien slechts een paar weken in het late voorjaar, maar ze zijn daardoor wel heel geschikt om een onhandig gat in de tuinkalender te vullen, wanneer de bolgewassen zijn uitgebloeid en de zomerbloemen nog niet in bloei zijn gekomen. De bloemen onttrekken de plant zelf vaak helemaal aan het oog en zijn voorhanden in een enorm kleurenpalet. Verwijder ze als ze zijn uitgebloeid, zodat de plant al zijn energie zal wijden aan nieuwe groei in plaats van aan de produktie van zaad. Bemest ze zodra ze zijn uitgebloeid, maar stop daarmee halverwege de zomer, anders ontwikkelen zich teveel late uitlopers.

Water geven

Alle rododendrons hebben oppervlakkige wortels en drogen dus makkelijk uit. U moet er daarom altijd goed op letten dat de potgrond enigszins vochtig blijft, ook in de winter. De regen dringt door tot de wortels van bladverliezende azalea's omdat er geen bladeren zijn die de bodem afdekken, maar groenblijvende rododendrons moeten ook 's-winters regelmatig worden begoten.

Praktische tips

Grond
Plant in een doorlatende, normaal of zeer vruchtbare potgrond.

Groeiplaats
Iedere plaats is goed, maar vermijd volle zon, want daardoor wordt de bloeitijd verkort.

Water
Houd de grond licht vochtig, maar laat hem nooit erg nat worden.

Planten
Plant 24 bollen per pot (diameter 25-35 cm) en bedek de potgrond met mos.

Azalea (*Rhododendron* 'Fedora')
Een groenblijvende variëteit met floxroze bloemen.

Warme contrasterende kleuren
Er bestaan azalea-bloemen in een enorm kleurenscala. Mijn ervaring is dat de wildste kleuren heel fraai bij elkaar passen. Deze drie azalea's groeien in een krans van varens die precies dezelfde eisen stellen aan grootte van de pot, grond en water. Wanneer de azalea's groter worden kunt u ze compleet met de wortelkluit en de varens overplanten in een grotere pot.

Azalea (*Rhododendron* 'Vuyk's Scarlet')
In volle bloei onttrekken de stralend rode bloemen deze overblijvende variëteit volledig aan het oog.

Azalea (*Rhododendron* 'Koningin Emma')
Een van de Mollis-hybriden die geteeld wordt om zijn kleurige herfstblad en zijn lentebloemen.

Naaldvaren
(*Polystichum setiferum*)
Een soort die de hele winter groen blijft.

VROEGE NARCISSEN

Potten zien er schitterend uit als ze propvol bollen staan. Narcissen behoren tot de makkelijkst te telen soorten. Ik plant het liefst één variëteit per pot. U kunt de verschillende bloemvormen en kleuren altijd nog combineren door verschillende potten bijeen te zetten, elk met een ander type bloem. Ik kan de verleiding nooit weerstaan om minstens één pot met een geurende vorm te telen: de 'Paperwhite' en de 'Pheasant's Eye' verspreiden een prettige geur, maar ik vind de geur van de Jonquilla-narcissen het fijnst. Plant de bollen in de herfst en bij voorkeur in lagen (ZIE PAGINA 34).

Dubbelbloemige narcis (*Narcissus 'Tahiti'*)
Een robuuste vorm met gevulde bloemen en licht geurend.

Lentekleuren
Het hemelsblauw van deze vorstbestendige keramische potten, beplant met het heldere geel van vier narcissusrassen, drukken de essentie van een lentedag uit. Experimenteer met verschillende vormen en kies uit het enorme kleurenpalet: roze, goud-geel en wit, maar ook oranje en geel.

Grootkronige narcis
Narcissus 'Salmon Trout')
De trompet wordt langzaam maar zeker roze.

Cyclamineus-narcis
(*Narcissus* 'Tête-à-tête')
Een kleine vorm met teruggeslagen bloemblaadjes en een heerlijke geur.

Gevuldbloemige narcis (*Narcissus* 'Yellow Cheerfulness') Een geurende variëteit.

Praktische tips

Grond
Plant in een doorlatende, normaal of zeer vruchtbare potgrond.

Groeiplaats
Iedere plaats is goed, maar vermijd volle zon, want daardoor wordt de bloeitijd verkort.

Water
Houd de grond licht vochtig, maar laat hem nooit erg nat worden.

Planten
Plant 24 bollen per pot (diameter 25-35 cm) en bedek de potgrond met mos.

EEN ZOMER LANG ROZEN

Over de schoonheid van rozen is iedereen het eens: hun weelderige aanblik staat voor de zomer zelf. Helaas is de plant onder de bloemen iets minder geslaagd. Het grootste deel van het jaar is de rozestruik een slonzige, onhandige plant met onaantrekkelijke stelen die bedekt zijn met nare doornen en blaadjes die voortdurend ziek zijn. Door rozen in kuipen te telen, kunt u ze in het volle licht zetten als ze bloeien en ze wegzetten als ze dat niet doen. Alleen de kleinere rozen zijn geschikt voor kuipen: polyantha's, tros- en miniatuurrozen. De grotere variëteiten zullen nooit veel bloemen voortbrengen.

Roos (*Rosa* 'Yellow Cushion') De bloemen geuren licht.

Roos (*Rosa* 'The Fairy') Een polyantha die later bloeit dan andere rozen, maar dit goedmaakt door tot in de winter bloemen te dragen.

Praktische tips

Grond
Plant in een doorlatende, zeer vruchtbare potgrond.

Groeiplaats
Zet in de zon.

Water
Geef veel water en mest wekelijks met een bloembevorderende kunstmest.

Planten
Plant één 'The Fairy' in de ene vorstbestendige, geglazuurde pot (diameter 42 cm) en twee exemplaren van de 'Yellow Cushion' in de andere.

Een tweetal rozen
Roze en geel is niet zo'n voor de hand liggende kleurencombinatie, maar niettemin heel mooi. Dit arrangement past uitstekend in een laat 20ste-eeuwse omgeving.

ROZE GERANIUMS

Geraniums zijn zeer dankbare planten. Ze bloeien rijkelijk, hebben weinig aandacht nodig en doen het buitengewoon goed in kuipen. In de zon of halfschaduw met volop licht groeien ze snel uit tot stevige planten en produceren dan van de vroege zomer tot de eerste vorst een ware zee van bloemen. Ze overleven lichte vorst meestal en blijven dan gewoon bloemen voortbrengen. De combinatie van late kou en vocht is daarentegen meestal fataal. Dat is op zich niet zo erg, want ze vertonen de neiging te verhouten en vormeloos te worden in hun tweede jaar en ze dragen dan ook minder bloemen. U kunt daarom het beste ieder jaar nieuwe planten opkweken, hetzij uit zaad dat tegen het einde van de winter is gezaaid (voor bloemen in de zomer van hetzelfde jaar) of uit stekjes die in de herfst zijn genomen, voor bloemen in de zomer van het jaar daarop. Beide methoden zijn vrij eenvoudig. (ZIE OOK DE PAGINA'S 182-183).
Verschillende typen en variëteiten van de geranium kunnen in een enkele kuip worden geplant, zolang ze maar even sterk zijn. Een aantal kleinere vormen kunnen worden overwoekerd door de grotere, meer robuuste vormen, zodat u deze twee vormen gescheiden moet houden.

Een pot beplanten

1 Leg potscherven onderin de pot en druk de potaarde aan tot ongeveer 10 cm onder de rand. Maak het arrangement terwijl de afzonderlijke planten nog in hun potjes staan: de geraniums in het midden en de verbena's langs de rand, zodat die gaan overhangen.

2 Tik de planten uit hun potten (vóór het planten water geven om de wortels goed nat te maken) en maak de wortelkluit voorzichtig los aan de onderkant. Na het planten de potgrond tot 4 cm onder de rand aanvullen. Verwijder dode blaadjes en geef nog wat water.

Zonale geranium (*Pelargonium* 'Fraicher Beauty')
De dubbele, bleekroze bloemen hebben een volmaakte vorm.

Grandiflorum-geranium (*Pelargonium* 'Langley Smith')
Deze kleinbloemige variëteit heeft witte bloemblaadjes met een dieproze vlek.

Praktische tips

Grond
Plant in een doorlatende, normale tot zeer vruchtbare potgrond.

Groeiplaats
Zet in zon of halfschaduw.

Water
Houd de grond eerder droog dan nat en geeft om de veertien dagen een beetje vloeibare mest.

Planten
Plant twee grandiflorum-, drie zonale geraniums en vier verbena's in een terracotta pot (diameter 52 cm).

Zonale geranium
(*Pelargonium* 'Rio')
Het hart van de intens roze bloemen heeft een nog diepere tint dan de blaadjes.

Verbena
(*Verbena* x *hybrida* 'Silver Anne')
Een heerlijk geurende variëteit van de ijzerhard.

Grandiflorum-geranium
(*Pelargonium* 'Tip Top Duet')
Dit ras heeft witte en roze bloemblaadjes met een dieprode vlek.

Roze schakeringen
Ik heb hier grandiflorum-geraniums met witte, bleekroze en dieproze bloemen gecombineerd met zonale geraniums – een bleekroze variëteit met een dieppaars oog en een lichtroze vorm met een vage toets van dieper paars. De verbena's hebben eenzelfde tint: een diep, vrij zacht roze. Alle kleuren steken schitterend af tegen het groene blad.

VORSTGEVOELIGE STRUIKEN

Deze twee struikjes – mannentrouw en abutilon – dragen de hele zomer en herfst fraaie bloemen. Beide zijn vorstgevoelige planten, die u als eenjarigen moet behandelen, tenzij u in een streek woont waar het niet vriest of u een kas heeft waarin ze kunnen overwinteren. Ze groeien buitengewoon snel en geven al in de zomer waarin ze geplant zijn een grote hoeveelheid bloemen ten beste. De hier getoonde mannentrouw laat van de vroege zomer tot de vroege winter een serie helderblauwe bloemen ontluiken. Onder optimale omstandigheden wordt hij tot 3 m hoog. Abutilon heeft vergelijkbare eigenschappen. Hij draagt een aantal maanden lang een overvloed aan gele, klokvormige bloemen met een paarsroze gloed en wordt in één groeiseizoen groot. Ook abutilon is vorstgevoelig.

Mannentrouw (*Plumbago auriculata*)
Een tere, snelgroeiende klimplant met blauwe bloemen in bosjes.

Voorzichtigheid geboden
Deze mannentrouw wordt gesteund door een wigwam van drie bamboestokjes. Tijdens de groei moet u de hoofdstengels en enkele zijtakjes opbinden, maar snoei hem nooit terug omdat dit de bloei vertraagt. Bij overwintering moet er wel worden gesnoeid, want dat stimuleert de bloei in het volgende voorjaar. Het gipskruid is in de zijbakjes van deze omgekeerde schoorsteenpot gezet.

Gipskruid (*Gypsophila repens* 'Dorothy Teacher')
Vormt tere poederkwasten van witte bloempjes.

Praktische tips

Grond
Plant in een doorlatende, zeer vruchtbare potgrond.

Groeiplaats
Zet op een zonnige, beschutte plek.

Water
Geef veel water in de groeiperiode en mest eenmaal per week.

Planten
Plant één abutilon en vier miniatuur-leeuwebekjes in een terracotta pot (diameter 32 cm).

Abutilon (*Abutilon* x *hybridum* 'Golden Fleece')
Ook andere abutilons groeien goed in kuipen, maar deze heeft de langste bloeitijd.

Miniatuur-leeuwebekje (*Antirrhinum pulverulentum*)
De kleine, kruipende stengels worden bedekt met crèmegele bloempjes.

Praktische tips

Grond
Plant in een doorlatende, normaal vruchtbare potgrond.

Groeiplaats
De planten bloeien het best op een zonnige plek, al groeien ze ook goed in de halfschaduw.

Water
Bij warm, zonnig weer dagelijks water geven, maar er mag geen water rond de wortels blijven staan, want ze rotten makkelijk. Geef eens per week een beetje mest.

Planten
Plant drie zonale en één reukgeranium in een 30 cm brede, terracotta kuip.

Geel patroon

De crèmegele, klokvormige bloemen en grote, zachtgroene bladeren van abutilon contrasteren met het schuim van een miniatuur-leeuwebekje, dat rond de basis en over de zijkant van de pot groeit. Bleekgele goudsbloemen en petunia's zouden ook een geschikte ondergroei opleveren.

Bonte geraniums

Geraniums (de botanische naam is *Pelargonium*) kunnen zeer goed in kuipen worden geplant. Ze produceren van het begin van de zomer tot de eerste vorst in herfst of winter een eindeloze reeks bloemen. In warmere, drogere klimaten bloeien ze zelfs vaak de hele winter door. Als extraatje hebben veel variëteiten bladeren met schitterende patronen, terwijl ze soms nog aangenaam geuren ook.

Variëteiten van de geranium

Er bestaan vier soorten tuingeraniums: zonale, peltatum-, grandiflorum- en reukgeraniums. Het meest komen zonale geraniums voor. Ze worden gekenmerkt door ronde, vlezige bladeren met veelkleurige zones. De hoofdjes met kleine, enkele of gevulde bloemen hebben een kleurverloop van rood en oranje, via roze en zachtpaars tot wit. De peltatum-variëteiten hebben enkele of dubbele bloemen, kleine, klimopachitge bladeren en een kruipende groeivorm, die ze zeer geschikt maakt voor hangmanden. Grandiflorum-vormen worden geteeld om hun grote, opvallende bloemen, al raken die helaas makkelijk beschadigd bij slecht weer. De reukgeraniums hebben heerlijk ruikende bladeren. De onbeduidende bloempjes kunnen het best worden afgeplukt ter bevordering van de groei van de bladeren, die kunnen ruiken naar citroen, appel, rozen, dennen of munt.

Geraniums groeien het best op een zonnige plek. Als de jonge planten 15 cm hoog zijn, moet u de groeitop afplukken om ze een betere struikvorm te geven. Pluk verwelkte bloemen af ter stimulering van de bloei.

Zonale geranium (*Pelargonium* 'Dolly Varden') Een vorm met groene, paarse en crèmekleurige bladeren en helderrode bloemen.

Reukgeranium (*Pelargonium* 'Lady Plymouth') Als de mooie blaadjes worden aangeraakt, verspreiden ze een heerlijke, sterke citroengeur.

Bontgekleurd blad
Vier geraniums, gekozen om hun fraaie, bonte blad en om hun bloemen, groeien in een met de hand vervaardigde terracotta kuip. De drie zonale vormen hebben een duidelijk band op hun bladeren. De reukgeranium voorin wordt geteeld om zijn aromatische blad met crèmekleurige rand.

Strategisch planten
Plant 'Lady Plymouth', een reukgeranium, voorin de plantengroep zodat voorbijgangers, die langs het blad strijken, de geur losmaken. De andere drie geraniums zijn struikvormig, waardoor ze hoogte in dit overdadige arrangement brengen.

Zonale geranium (*Pelargonium* 'Frank Headley')
Roze bloemen ontluiken boven de groene, crèmekleurige gezoomde bladeren.

Zonale geranium (*Pelargonium* 'Mrs Quilter')
De limoengroene bladeren met het kastanjebruine patroon en de zalmroze bloemen vormen een verbazingwekkende combinatie.

Praktische tips

Grond
Plant in een doorlatende, normaal vruchtbare potgrond

Groeiplaats
De bloei is het uitbundigst in de zon, maar de planten groeien goed in de halfschaduw.

Water
Bij heet, zonnig weer dagelijks gieten, maar de wortels mogen niet kletsnat worden – ze rotten snel. Eens per week een beetje mesten.

Planten
Plant drie zonale geraniums en één reukgeranium in een 30 cm brede terracotta pot.

LELIES EN KLOKJES

Lelies zijn dankbare planten om in potten te houden. Ze brengen een grote hoeveelheid spectaculaire bloemen voort die 's zomers wekenlang houden en toch zijn ze niet veeleisend. Ze vragen alleen wat zon of halfschaduw en een rijke potgrond. Om in de zomer bloemen te krijgen, plant u de leliebollen in de late herfst of in de winter als u in een streek met een zacht klimaat woont. Zet, zodra de bloeistengels in het late voorjaar verschijnen, een aantal laaggroeiende zomerbloemen of vaste planten tussen en rond de lelies, zodat de trompetvormige bloemen uit een bloemenkussen oprijzen dat harmonisch past bij hun kleur en elegante vorm.

Lelie (*Lilium* 'Connecticut King')
Deze variëteit krijgt in de vroege zomer geweldig grote, opwaarts gerichte bloemen op de 1 m hoge stengels.

Karpatenklokje
(*Campanula carpatica*)
Een polvormende, vaste plant die 's zomers langbloeiende bloemen vormt.

Een fraai geheel
Een diepblauwe, geglazuurde Chinese pot vormt een sierlijke basis voor het kussen van klokjes en de vorstelijke lelies die zich daarboven verheffen.

Praktische tips

Grond
Plant in een goed doorlatende potgrond, die verrijkt is met compost en bladaarde.

Groeiplaats
Zet in de zon of halfschaduw.

Water
Houd de potgrond vochtig maar niet zeer nat. Geef in de groeitijd wekelijks een beetje vloeibare mest.

Planten
Plant tien lelies en vijf karpatenklokjes in een pot met een diameter van 40 cm.

KEIZERLIJK PURPER

Te vaak negeren we de planten die fraaie bladvormen en -kleuren hebben en zijn we gefixeerd op soorten met aantrekkelijke bloemen. Hier heb ik nu eens geen zomerbloemen willen gebruiken maar een groep vaste planten bijeengezet die alle opvallend blad hebben. In de halfschaduw zullen ze er de hele zomer en herfst prachtig bijstaan, en dat jaren achter elkaar. Ook *Tovara virginiana* 'Painter's Palette' en *Leucothoe fontanesiana* 'Rainbow' zijn meerjarige planten met schitterend blad, die in een dergelijke duurzame en kleurrijke melange zouden passen.

Praktische tips

Grond
Plant in een doorlatende, zeer vruchtbare potgrond.

Groeiplaats
Zet in halfschaduw tot schaduw.

Water
Geef de planten veel water, vooral het leidsplantje.

Planten
Plant één heuchera, één leidsplantje en één kindje-op-moeders-schoot in een terracotta pot met een diameter van 48 cm.

Aura van elegantie
De dieppaarse kleur van de heucherabladeren wordt benadrukt door de gespikkelde goudkleur van kindje-op-moeders-schoot en de veelkleurige bladen van het leidsplantje.

Leidsplantje (*Houttuynia cordata* 'Chamaeleon')
De leuke, gekleurde blaadjes verspreiden een straffe citrusgeur.

Heuchera (*Heuchera* 'Palace Purple')
Het aparte, purperen blad wordt soms in bloemcomposities gebruikt.

Kindje-op-moeders-schoot (*Tolmiea menziesii*)
Een vaste plant die zich makkelijk vermeerdert doordat er jonge plantjes op de bladknopen worden gevormd.

Weelderige diascia's

Een pot met één enkele soort kan heel mooi zijn, vooral als de soort zo mooi is als de diascia. Hij is een vaste plant met eindstandige trossen vol schelpvormige bloemen met twee sporen, in allerlei tinten zachtroze. Diascia wordt niet veel aangeplant, al is het geen moeilijke plant en brengt hij de hele zomer, tot zelfs in de herfst, een weelde aan bloemen voort. Zet hem op een zonnige plek, waar hij als blikvanger kan functioneren. Hij is niet erg gehard. Laat hem dus 's winters alleen buiten staan als uw tuin niet wordt geplaagd door vreselijk koude winters.
Gewoonlijk kan men de mooiste beplantingen van één soort maken als deze een volle, struikachtige of polvormige groeiwijze heeft. Van de populaire eenjarige planten kunnen geranium, petunia, witte waterkers en verbena prima in hun eentje worden gehouden, hetzij in één kleur, hetzij in een schitterend, ongedwongen mengsel.

Praktische tips

Grond
Plant in een doorlatende, normaal vruchtbare potgrond.

Groeiplaats
Zet in de zon.

Water
De potgrond moet vochtig worden gehouden, maar geef niet teveel water. Eens per week mesten.

Planten
Plant twee diascia's in deze 37 cm brede terracotta pot.

Diascia
(Diascia rigescens)
Dit is één van de meest winterharde soorten.

Tinten roze
De mooie, zalmroze bloemen van diascia staan in de zomer en vroege herfst massaal op overhangende of half-rechtopstaande stelen, zodat ze bijna de terracotta pot verbergen waarin de planten staan. Laat ze in de zomer niet uitdrogen.

VERBLUFFENDE BEGONIA'S

Ik heb heel lang een hekel aan begonia's gehad. Nog steeds vind ik het soms moeilijk me op m'n gemak te voelen bij de zeer grootbloemige pronkvariëteiten die men knallende kleuren heeft meegegeven. Tegenwoordig zwaai ik de begonia misschien weer teveel lof toe. Veel begonia's hebben een zeer subtiele aantrekkingskracht en sommige hebben echt heel mooie bladeren. Het blad van de Rex-hybriden, dat hier is gebruikt, bestaat in een reeks van gedempte en toch geraffineerde kleuren en vertoont vaak een complex stippel- of lijnpatroon. Het zijn meerjarige planten, zeer geschikt voor de teelt in kuipen.

Praktische tips

Grond
Plant in een rijke, doorlatende potgrond.

Groeiplaats
Zet in de schaduw.

Water
Geef veel water in de groei- en bloeitijd. Eens per week mesten.

Planten
Plant twee Rex-begonia's en vier exemplaren van 'Billie Langdon' in een pot met een diameter van 40 cm en drie 'Norah Bedson'-planten in een geglazuurde, keramische pot met een diameter van 25 cm.

Gedempt patroon
Twee diepblauwe, geglazuurde, Chinese potten doen de helderwitte bloemen en bijzondere sierbladen van deze begonia's goed uitkomen. Plant de knollen van 'Billie Langdon' in het voorjaar. De andere twee variëteiten worden meestal binnen gehouden, maar kunnen 's zomers worden buitengezet.

Rhizomatische begonia (*Begonia* 'Norah Bedson')
Geef in de winter, als de planten binnen staan op een weinig lichte plaats, niet teveel water.

Knolbegonia (*Begonia* x *tuberhybrida* 'Billie Langdon')
Wordt gehouden om zijn overdadige, helderwitte bloemen.

Rex-begonia (*Begonia* 'Merry Christmas')
De exotisch ogende bladeren zijn groenblijvend.

Zomerse schaduwminnaars

Slechts een klein aantal schaduw- en halfschaduw-minnende planten krijgt in de zomer een tijd lang veel mooie bloemen. De knolbegonia is het meest opvallend in deze groep. Hij is niet winterhard, maar u kunt hem makkelijk overwinteren. Haal de potten naar binnen voor de eerste vorst toeslaat en stop dan met water geven om ze te laten uitdrogen. Verwijder het bruingeworden blad en sla de planten dan op in bijna droge turfmolm, waarbij u ze af en toe wat water moet geven om te voorkomen dat de knollen verschrompelen. De opslagruimte moet droog en koel, maar vorstvrij zijn. Plant de knollen de volgende zomer weer uit.

Hier heb ik begonia gecombineerd met fuchsia en tabaksplant, die ook schaduwminnend zijn. Fuchsia moet eveneens overwinteren op een koele, maar vorstvrije plaats. De tabaksplant, een kortlevende vaste plant die als eenjarige wordt geteeld, heeft daarnaast de plezierige eigenschap aangenaam te geuren als de avond valt.

Knolbegonia (*Begonia* x *tuberhybrida*)
De grote, opvallende bloemen zijn er in rood, roze, oranje, geel en wit.

Intense kleuren

De kleuren van deze roze, oranje en bloedrode begonia's, fuchsia's en tabaksplanten vloeken met elkaar, maar vormen een rijke plantengroep voor een hoek in de tuin waar weinig licht komt. De donkere bladeren van de begonia versterken de glans van het arrangement als geheel. De bloemenpracht blijft van de vroege of midzomer tot de late herfst.

Praktische tips

Grond

Plant in een doorlatende, zeer vruchtbare potgrond.

Groeiplaats

Zet in de schaduw of halfschaduw.

Water

Geef veel water en in de groeitijd wekelijks mest.

Planten

Plant een combinatie van knolbegonia's, tabaksplanten en fuchsia's in verweerde terracotta potten (diameter 48 cm), met vier tot vijf planten per pot.

Fuchsia (*Fuchsia* 'Thalia')
Een variëteit met dunne, buisvormige klokjesbloemen in groepjes.

Tabaksplant (*Nicotiana alata* Sensation Series)
Licht geurende bloemen op 60 cm lange stengels.

Hangende knolbegonia (*Begonia* x *tuberhybrida pendula*)
Kruipende begonia, die nuttig te gebruiken is aan de rand van kuipen.

VIER GEGLAZUURDE POTTEN

Potten van verschillende hoogte waarin slechts één plant is gezet, kunnen een zeer fraai arrangement opleveren. Ik heb een voorkeur voor potten die op elkaar lijken, hetzij door het materiaal waarvan ze zijn gemaakt, hetzij door de kleur van de buitenkant. De groep is nog interessanter te maken door planten te selecteren met verschillende groeivormen – rechtopstaand, kussenvormend, kruipend of zodevormend – maar dan moet er wel iets zijn dat de planten visueel verbindt. De potten moeten ook bij de plaats passen die u voor hen hebt bestemd. Deze groep warmbruine, geglazuurde potten zou het goed doen als hij op een stenen of houten ondergrond werd gezet of op een paar ruw gevormde traptreden. De geglazuurde, terracotta potten hiernaast zijn verkrijgbaar bij praktisch ieder tuincentrum. Vraag altijd na of de potten vorstbestendig zijn. Geglazuurde, terracotta potten gaan niet zo lang mee als ongeglazuurde potten en zelfs die moeten worden gecontroleerd op hun duurzaamheid bij strenge vorst.

Leidsplantje (*Houttuynia cordata* 'Chamaeleon')
Indien de bladeren worden gekneusd, verspreiden ze een doordringende, citrusachtige geur.

Dwergaster (*Aster novi-belgii* dwergvorm)
Een aster die in de herfst een enorme hoeveelheid warmpaarse bloemen krijgt.

Praktische tips

Grond
Plant in een zeer vruchtbare potgrond.

Groeiplaats
Al deze planten vragen om een plek in de zon, behalve het leidsplantje, dat een licht-beschaduwde plek prefereert.

Water
Het leidsplantje heeft veel vocht nodig. Bij de andere planten moet de compost nat, maar niet te nat worden gehouden. Eenmaal per week bijmesten.

Planten
Plant in elk van de 23 cm brede potten één plant. De asters kunnen met hun drieën bijeen staan.

Struikveronica (*Hebe* 'Lindsayi')
Een van de meest geharde struikveronica's, met groenblijvend blad en een lange bloeitijd.

Ceratostigma (*Ceratostigma plumbaginoides*)
Een vaste plant met bloem en blad die beide op hun mooist zijn in de late zomer en de vroege herfst.

Herfsttinten
De kleur die bloem en blad van deze herfstplanten hebben, draagt ertoe bij dat de groep één geheel vormt. De bleekroze aren van de struikveronica en de diepere tinten van de dwergasters doen de gekleurde vlekken van het blad van het leidsplantje goed uitkomen. Wanneer de ceratostigma in de herfst diepblauwe bloemen voortbrengt, verkleurt het blad gelijktijdig tot een warm rood, dat de warme tinten om hem heen weerspiegelt. Geglazuurde aardewerken potten in allerlei soorten en maten zijn zeer geschikt om de herfstbloemen en de bladkleur naar voren te halen.

DECORATIEVE BESSEN

Weinig planten kennen zo'n verscheidenheid aan gekleurde bessen als pernettya en zijn hybriden. De vruchten variëren van donkerrood, via lichtrood en roze, tot wit. Ze komen mooi uit tegen de kleine, glanzende altijdgroene blaadjes. Alleen de vrouwelijke planten hebben bessen, maar het is wel noodzakelijk om een mannelijke plant in de buurt te hebben voor de bestuiving. Hoewel in dit arrangement een mannelijke plant geplaatst is tussen enkele meer decoratieve vrouwelijke planten kunt u hem natuurlijk ook in een nabijgelegen border plaatsen. Omdat pernettya groenblijvend en winterhard is kunt u hem het hele jaar door houden in deze geglazuurde keramische pot. U kunt dan in de winter van zijn glanzende bladeren en later, in de lente en vroege zomer, van zijn kleine witte bloemen genieten.

Praktische tips

Grond
Plant in een licht-zure potgrond.

Groeiplaats
Zet op een zonnige plek.

Water
Houd de grond gedurende het groeiseizoen vochtig. Geef eens in de twee weken kunstmest.

Planten
Plant vier pernettya's in een geglazuurde keramische pot met een diameter van 48 cm.

Pernettya (*Pernettya mucronata* 'Edward Ball') Een mannelijke plant.

Pernettya (*Pernettya mucronata* 'Bell's Seedling') Een vrouwelijke plant met helderrode vruchten.

Pernettya (*Pernettya mucronata* 'Mulberry Wine') Een vrouwelijke plant met donkerroze vruchten.

Pernettya (*Pernettya mucronata alba*) Een vrouwelijke variëteit die wordt geteeld om haar witte vruchten.

Groene harmonie
Deze grote, groene, geglazuurde en vorstbestendige pot past goed bij de kleur van de kleine, puntige blaadjes van pernettya en vormt tegelijkertijd een uitstekend contrast voor de glanzende rode, witte en roze bessen die in de herfst verschijnen.

GEKROONDE MARGRIETEN

Hoogstammige planten die op miniatuurboompjes lijken, komen het beste uit in potten van terracotta. De beste planten om in de vorm van een hoogstam te snoeien zijn struikmargrieten, fuchsia's en geraniums. Stek ze in de herfst en laat ze onder glas overwinteren. Verwijder tijdens de groei de zijscheuten en ondersteun de hoofdstam met een stok van ongeveer 1 m lengte. Als de hoofdstam 75 cm lang is, moet u de zijscheuten boven die lengte laten zitten. Verwijder de groeitop als de stam 1 m lang is, waarna de zijscheuten kunnen uitgroeien. Groenblijvende struiken kunnen ook op deze manier worden gesnoeid, maar ze groeien dan niet zo snel. Een hoogstammige buxus of laurierboom heeft er wel vier jaar voor nodig om 1 m hoog te worden. Hoewel ze geen bloemen vormen maken ze, als ze in vorm zijn gesnoeid, een elegante indruk.

Struikmargriet (*Chrysantemum* 'Dawn Mist')
Een vaste plant met twijgen waaraan alleenstaande, witte met een tikje roze, madeliefachtige bloemen groeien.

Vetkruid (*Sedum sieboldii* 'Folius medio-variegatus')
Een hangende succulent, met kleine roze, stervormige bloempjes die in het midden van de herfst verschijnen.

Bloeiende hoogstammen
De kleur tijdens de bloei van deze hoogstammige struikmargriet komt terug in de bladeren en bloemen van het vetkruid dat langs de stam groeit.

Praktische tips

Grond
Plant in een lemige potgrond van een normale vruchtbaarheid.

Groeiplaats
Overwinter op een lichte, vorstvrije plek. Verplaats aan het eind van de lente, als er geen vorst meer kan komen, naar een zonnige plek.

Water
Niet teveel water geven. Eenmaal per week mesten.

Planten
Plant een hoogstammige struikmargriet en zes vetkruiden in een terracotta pot met een diameter van 40 cm.

SCHALEN

Schalen zijn zeer geschikt voor planten. Vaak nauwelijks zichtbaar onder de plantengroei, laten ze de planten iets boven de grond groeien. Ze zijn het mooist als ze recht van boven bekeken kunnen worden. Als de schaal zeer ondiep is en er weinig ruimte is voor de wortels, kunnen niet alle planten gebruikt worden. In zeer ondiepe schalen kunnen alleen succulenten als huislook goed groeien. Gebruik een schaal van minstens 15 cm diep als u lage eenjarige en hangende meerjarige planten wilt opkweken.

Blauwe betovering
Margrieten, violen, bleekblauwe lobelia en winde (BOVEN) zijn hier gecombineerd als aanvulling op de lavendel.

Koperkleur
Een antieke koperen schaal (LINKS) is beplant met goudsbloemen en luciferplanten, omdat deze goed staan bij de kleur van de schaal en de bestrating.

Keukengerei

Potten en pannen uit de keuken kunnen gemakkelijk gebruikt worden als een plantenschaal in de tuin, al is het vaak nodig om voor de afwatering gaatjes in de bodem te boren. Geglazuurde keramiek moet u alleen gebruiken in de zomer en vroege herfst omdat het gemakkelijk aangetast kan worden door vorst. Antieke koperen wasteilen en melkschalen zijn niet gemakkelijk te vinden, maar wel zeer geschikt om als bloembak te gebruiken. U kunt ze in de winter buiten laten, zodat het koper gaat roesten en er een prachtige blauwgroene tint verschijnt. U kunt dit proces versnellen door het oppervlak met azijn of goedkope wijn te behandelen.

Combinaties

Een groep schalen vormt een eenvoudige maar effectieve voorgrond voor een bloemperk als de planten niet te hoog zijn. Vooral kussenvormende of kruipende planten zijn geschikt voor schalen. Laat de kleuren uit het bloemperk terugkomen in de schalen. Ik houd van simpele beplanting in schalen, bijvoorbeeld een of andere klimopvariëteit, zeeschildzaad of lobelia. U kunt ook begonia's, viooltjes, anjers of campanula's proberen.

Als u planten wilt combineren, moeten de schalen een diameter van meer dan 30 cm hebben, maar zelfs dan is het beter om het aantal kleuren beperkt te houden. Als u planten van verschillende kleuren wilt gebruiken, neem dan meerdere schalen, kleuren die bij elkaar passen en planten met een vergelijkbare groeivorm.

Seizoensplanning

In de zomer, in zon of halfschaduw, vormt een schaal ooievaarsbek (*Geranium endressii*) met zijn talloze kleine roze bloempjes, een schaal paarse viooltjes en een grotere schaal campanula's een schitterende combinatie. Op een beschaduwde plek tegen een begroeide achtergrond kunt u schalen plaatsen met penningkruid, met zijn gele bloemen en goudkleurige bladeren, ooievaarskek (*Geranium nodosum*), met zijn tere, komvormige, roze bloemen.

In de lente, in de schaduw of halfschaduw, kunt u minitulpjes proberen. Bijvoorbeeld een pot met rode 'Plaisir', een met crèmekleurige 'Concerto' en een met 'Toronto', met zijn lichtrode bloemen, bruingele basis en bronskleurige meeldraden.

In de winter kunt u schalen met verschillende variëteiten klimop op een tuintafel of in een rij op een lage muur zetten. De goudkleurige variëteiten en de geelbladige 'Buttercup' zijn zeer effectief om wat kleur te brengen in de kleurloze, koude wintermaanden als de groenblijvende planten de neiging hebben om de tuin te domineren.

SCHOENLAPPERSPLANTEN

Schoenlappersplanten zijn makkelijk, winterhard, laag en groenblijvend. Het zijn vaste planten met grote bladeren, die prachtig zijn in de winter, als er verder weinig te beleven is. Hoewel ze eigenlijk bloeien in de late winter en vroege lente, bloeien ze soms ook tijdens zachte perioden in het midden van de winter. Ze zijn zeer gemakkelijk en vragen weinig aandacht, maar wel regelmatig water. Leucothoë heeft prachtige groenblijvende bladeren, die in de winter soms een rode tint hebben.

Praktische tips

Grond
Plant in doorlatende, zure potgrond.

Groeiplaats
Beschutte halfschaduw is de beste plek.

Water
Geef regelmatig water. De grote bladeren vormen een barrière voor het regenwater.

Planten
Plant drie schoenlappersplanten en twee leucothoë's in een stenen pot met een diameter van 42 cm.

Leucothoë (*Leucothoë* 'Scarletta')
In de herfst en winter zijn de bladeren bronskleurig.

Schoenlappersplant (*Bergenia*-hybride) met grote, leerachtige bladeren die 's winters groen blijven.

De beste tijd
Bergenia's zijn op hun mooist aan het eind van de winter. Nieuwe bladeren lopen uit en dieppaarse bloemen worden aangelegd, terwijl de oude, dieprode bladeren nog op de plant zitten. Hier staan ze naast een variëteit van leucothoë met glanzend groene bladeren, die fraai bronskleurig zijn aangelopen.

LENTEBLAUW

Blauw en wit vormen in de lente een prachtige, lichte en heldere combinatie, die ook te vinden is in de hardblauwe lucht van de vroege lente. Geschikt is een arrangement van blauwe druifjes, maagdenpalm en sterhyacinten in een blauwe keramische pot. Blauwe druifjes verspreiden een heerlijk zoete geur. Ze kunnen er een hele kamer van doordringen. De blauwe druifjes zijn geplaatst achter een lage rij maagdenpalm, die bloeit aan het eind van de winter en de in de vroege lente. Aan de rechterkant groeit een groepje sterhyacinten, ook een in het voorjaar groeiende bolgewas.

Praktische tips

Grond
Plant in een doorlatende, lichte, normaal vruchtbare potgrond.

Groeiplaats
Halfschaduw is ideaal.

Water
Houd de grond gedurende de winter licht vochtig.

Planten
Plant een maagdenpalm, vijfentwintig blauwe druifjes en tien sterhyacinten in een vorstbestendige, keramische schaal met een diameter van 45 cm.

Blauwe druifjes (*Muscari azureum*) Een variëteit met hemelsblauwe geurende bloemen

Blauwe druifjes (*Muscari botryoides* 'Album') Een variëteit met witte bloemen.

Dicht in de buurt
Zet deze schaal met witte en blauwe voorjaarsbloemen op een tuintafel dicht bij het huis, zodat u ze goed kunt zien en er regelmatig snel even heen kunt gaan om te ruiken aan de heerlijke blauwe druifjes.

Bonte bladeren Een kleine maagdenpalm met bonte bladeren is ook verkrijgbaar. Neem de variëteit met witte druifjes in plaats van met blauwe.

Kleine maagdenpalm (*Vinca minor*) Een vaste groenblijvende plant die snel groeit en gedurende een lange periode bloemen produceert.

Oosterse sterhyacint (*Scilla siberica*) De fijne helderblauwe, klokvormige bloemen verschijnen op korte stengels na de bladeren.

SCHAAL MET ZONNEROZEN

Als het midden van de zomer nadert is het moeilijk om gelijke tred te houden met de overvloed aan bloemen in de tuin. Terwijl de meeste planten wel in grote kuipen geteeld kunnen worden, zijn alleen de planten die niet diep wortelen (eenjarigen en lage struikjes), geschikt om in lage potten op te kweken. Voor deze geglazuurde, Chinese schaal is halimiocistus gekozen, een groenblijvende struik die weken achter elkaar zachte ronde bloemen produceert. Hij heeft zon en een zeer goed doorlatende grond nodig, omdat hij niet tegen natte voeten kan. Hij kan ook niet goed tegen vorst.

Andere zomerbloeiende struiken die het goed doen in lage schalen zijn fuchsia, convolvulus, heide, hebe, lavendel en potentilla.

Schalen waarin planten staan met naar buiten gerichte of hangende bloemen, zoals fuchsia en ceanothus kunnen het beste hoog worden gezet, bijvoorbeeld op een tuintafel of muur. Schalen met naar boven gerichte bloemen, zoals potentilla en convolvulus kunnen het best op de grond worden gezet.

Halimiocistus (x *Halimiocistus wintonensis* 'Merrist Wood Cream')
Een 60 cm hoge groenblijvende struik die in het begin en in het midden van de zomer bloeit.

Praktische tips

Grond
Plant in een zeer goed doorlatend mengsel van een normaal vruchtbare potgrond en grof zand (verhouding 4:1).

Groeiplaats
Zet op een zonnige plek. Bescherm eventueel tegen vorst en wind.

Water
Geef niet teveel water en laat de wortels niet te nat worden. Geef eens in de twee weken mest.

Planten
Plant drie halimiocistusplanten in een 40 cm lange, ovale, geglazuurde schaal.

Coördinatie van kleur
Vaak geeft een schaal al aan welke planten er het best in passen. Let hier op de gele bloemen en grijsgroene bladeren die op een subtiele wijze terugkomen in het mosterd- en okerkleurige glazuur van deze schaal van Chinees porselein.

TRIO IN ROZE EN MAUVE

Op enkele uitzonderingen na worden zomerbloeiende eenjarigen niet hoog en zijn vooral kruipende of kussenvormende soorten zeer geschikt als schaalplant. Ik heb vlijtig liesje in verschillende arrangementen gebruikt omdat het ruim toepasbaar is, lang bloeit, mooie bladeren heeft en zeer gemakkelijk is op te kweken. Het groeit op iedere plek, zelfs in de volle zon, als u het maar voldoende water geeft om uitdrogen tegen te gaan. Soms heeft het de neiging om in een gemengde beplanting andere planten te overwoekeren en moet u het terugsnoeien.

Een overvloed aan andere eenjarigen zouden het even zo goed doen in deze schaal. Onder de zonaanbidders zijn dat bijvoorbeeld geranium – zowel de staande als de hangende variëteit met klimopachtige bladeren – dahlia, petunia, lobelia, leeuwebek, zeeschildzaad, chrysant, goudsbloem, ijzerhard en Oostindische kers. Voor schalen in de schaduw of halfschaduw heeft u de keus uit begonia's (net zo ruim toepasbaar als vlijtig liesje), laaggroeiende tabaksplanten en een grote verscheidenheid fuchsia's en viooltjes.

Verbena (*Verbena tenera* 'Mahonettii')
Jammer genoeg geurt deze mooie variëteit niet.

Ageratum (*Ageratum* 'Bengali')
De kleine, delicate bloempjes contrasteren met de grotere bloemen van het vlijtig liesje.

Praktische tips

Grond
Plant in een doorlatende, rijke potgrond.

Groeiplaats
Zet in de halfschaduw.

Water
Houd de potgrond licht vochtig en geef eens per week mest.

Planten
Plant drie vlijtige liesjes, drie ageratums en drie verbena's in een terracotta schaal met een diameter van 42 cm.

Bloemisten-begonia's
De begonia's in deze gecanneleerde schaal kunnen worden gekocht bij de bloemist. In de zomer gedijen ze buiten op een lichte, beschaduwde plek en bloeien ze overdadig. Ze zijn gevoelig voor meeldauw en soms vormen slakken een probleem.

Vlijtig liesje (*Impatiens* 'New Guinea-hybride') Produceert een overvloed aan bloemen en prachtig gekleurde bladeren.

Een schaal met vlijtig liesje
Een grote, geribbelde, terracotta schaal met een roze beplanting, gebaseerd op een vlijtig liesje-hybride met bont blad, roze ageratum en verbena. In halfschaduw of volle zon zal dit arrangement bloeien van de vroege zomer tot de eerste vorst.

Urnen en kruiken

Urnen zijn de mooiste potten. Ze kunnen allerlei vormen hebben, van smal tot breed, maar het zijn over het algemeen grote potten met een wijd uitstaande of bolvormige bovenkant en een voet aan de onderkant. Oorspronkelijk hadden ze een deksel en waren ze bedoeld om de as van gestorvenen in te bewaren. Het woord urn komt van het Latijnse *urere* (verbranden).

Tuinversieringen

Al eeuwen worden er in tuinen sierurnen gebruikt. Ze waren vooral populair in de 17de en 18de eeuw in Italië. Ze werden gemaakt van steen, lood en terracotta, werden prachtig versierd en hadden mooie bewerkte handvaten. In de Victoriaanse tijd zijn zeer veel urnen gemaakt en nog steeds kunt u smeedijzeren urnen uit die tijd vinden, al zijn ze erg duur.

Antieke urnen zijn vaak zo mooi dat het bijna zonde is om ze te beplanten. De vele reproducties van antieke urnen, van steen, fiberglas en terracotta kunnen natuurlijk wel worden beplant.

Antieke urn
Een diascia met roze bloemen en een delicate plecostachys met zilveren bladeren groeien over de rand van deze schitterende, langs een grindpad geplaatste, loden urn (BOVEN).

In een border
Een terracotta urn, beplant met rudbeckia en gele chrysanten (LINKS), staat verscholen in een gemengde border en geeft wat meer hoogte en kleur in het midden van de zomer.

Hoewel urnen vaak nogal smal en hoog lijken, zijn ze niet zo geschikt voor hoge beplantingen. Dit geldt vooral voor de klassieke urn met zijn bolvormige bovenkant, smalle voet en vierkante basis, die is geplaatst op een kortere of langere ronde of vierkante zuil. Deze urnen komen het mooiste uit met een in de breedte groeiende beplanting, die ongeveer even hoog is als het potvormige gedeelte. Omdat een urn al een versmalling heeft zijn planten met een stam niet geschikt. Kies planten die lijken uit te waaieren vanuit het midden van de urn.

Strategische plaatsing

Urnen kunnen net als grote potten en bakken zeer zwaar zijn. U moet ze daarom niet te vaak verplaatsen. Zet ze op een plek waar ze goed tot hun recht komen, bijvoorbeeld aan het eind van een lang pad, of op een kruising van twee paden, vooral als er sprake is van een mooi doorkijkje. Twee kleine urnen kunnen fraai aan beide zijden van een trap of bordes staan. U kunt ze ook voor een hoge muur of donkergroene haag zetten of naast ingangen of bogen. Een urn in een perk kan heel geschikt zijn om een deel van de tuin, dat in een bepaald jaargetijde niet goed tot zijn recht komt, op te fleuren. Midden in een vijver kan een urn ook heel mooi staan. Als een urn op een lastig te bereiken plek staat, moet u hem beplanten met een soort die weinig verzorging nodig heeft, bijvoorbeeld klimop.

Exotische oliekruiken

Oliekruiken uit het Middellandse-Zeegebied of uit China zijn ook schitterend, al moet u er wel afwateringsgaten in boren. De Griekse en de gedeeltelijk geglazuurde kruiken uit Zuid-Frankrijk zijn niet vorstbestendig. Ze zijn het mooiste als er een overdaad aan afhangende planten over de rand groeit. U kunt ze ook vullen met water om de lucht te laten weerspiegelen of om fijne, kleinbladige waterplanten in te laten groeien.

FONTEIN VAN BLOEMEN

Het is niet makkelijk om in een urn soorten met de juiste proporties te planten. Het blijkt dat lage planten vaak het beste uitkomen. Het kan schitterend zijn om in een eenvoudig arrangement klimop over de rand van een urn te laten groeien. Deze goed geproportioneerde urn is fraai gevuld met planten die er als een fontein uitgroeien. De brem is prachtig aan het eind van de lente, maar zijn wortels laten al snel te weinig ruimte voor andere planten. Als u in de zomer wat kleur wilt moet u de brem na de bloei vervangen door andere planten.

• **Brem** (*Cytisus* 'Cornish Cream')
Aan het eind van de lente zijn de slanke takken omkranst door geurige bloemen.

• **Pioenbloemig tulp** (*Tulipa* 'Carnival de Nice')
De gestreepte dubbele bloemen verschijnen aan het eind van het seizoen.

Voorjaarsurn
Crème en geel met rode toetsen vormen een vrolijke combinatie aan het eind van de lente. Plant de klimop, brem en de tulpebollen aan het eind van de herfst. Omdat de brem fijne takken en bladeren heeft, hindert hij de tulpen niet in hun groei.

• **Klimop** (*Hedera helix* 'Telecurl')
Plant klimop langs de rand om de kanten te verzachten zonder de gracieuze vorm aan het oog te onttrekken.

Praktische tips

Grond
Plant in een normaal vruchtbare potgrond.

Groeiplaats
Zet op een zonnige plek.

Water
Houd de potgrond vochtig maar niet te nat.

Planten
Plant twee bremplanten, tien tulpebollen en vijf klimopplanten in een stenen urn van 42 cm breed en 35 cm diep.

Chinese kruik

Chinese kruiken zijn schitterend. Ik vond dat de kleuren van deze kruik schreeuwden om een geel- en crèmekleurige beplanting. Lantana is een goede keus, omdat het een snelgroeiende eenjarige is, die 's zomers overdadig bloeit. Moederkruid, met zijn witte bloemen en delicate bladeren, heeft zich over mijn hele tuin uitgezaaid, zodat ik het in de zomer vaak als potplant gebruik. De zilveren, hangende plecostachys en de bonte plectranthus completeren het geheel. Haal het arrangement in de winter naar binnen, want alleen moederkruid is winterhard.

Lantana (*Lantana camara*)
Variëteiten zijn er in rood en roze, en via oranje en geel, tot wit.

Gouden moederkruid (*Chrysanthemum parthenium* 'Aureum')
De delicate bladeren en bloemen hebben een sterke geur.

Plectranthus (*Plectranthus coleoides* 'Variegatus')
Een ideale potplant, die geteeld wordt om zijn bladeren.

Plecostachys (*Plecostachys serpyllifolia*)
De kleine zilverkleurige blaadjes tuimelen over de rand van de kruik.

Grond
Plant in een normaal tot zeer vruchtbare potgrond.

Groeiplaats
Zet op een zonnige plek.

Water
Geef bij warm weer veel water. Geef eens per twee weken mest.

Planten
Plant een lantana, twee exemplaren van de plectranthus, vier van de plecostachys en twee van het gouden moederkruid in een Chinese kruik van 45 cm breed en 52 cm diep.

Van andere orde
Uitstekend boven de struikachtige en hangende, bonte en zilverbladige planten, complementeert de hoge lantana de vorm van de Chinese kruik. Verwijder de zaaddozen van de lantana opdat de andere bloemen beter groeien.

STATIGE SCHOONHEID

Brede urnen kunnen het beste worden beplant met uitwaaierende planten. De ronde vorm van de basis van deze urn suggereert een uitwaaierende beplanting. De urn is niet diep en dus niet zo geschikt voor grotere planten.
Als een brede urn op een hoge plaats wordt gezet, zodat hij van onderaf wordt gezien, kan hij het best worden beplant met hangplanten zoals groenblijvende klimop of maagdenpalm, of bloeiende klimopbladige geraniums, fuchsia's, petunia's of hangbegonia's.

Een verfrissende verandering

Omdat een verandering vaak leuk is, heb ik hier een arrangement gecreëerd met pentas, lantana en kruipende weigelia 'Looymansii Aurea'. Lichtroze, oranje en lichtgeel met limoengroen vormen een stijlvolle combinatie. De planten zullen vele weken bloeien en hebben gedurende lente en zomer aantrekkelijke bladeren. Pentas en lantana zijn teer en moeten daarom in koudere streken als eenjarigen worden geteeld. De weigela met goudkleurige bladeren is winterhard.
Een geheel witte beplanting is altijd elegant en voor deze urn ook heel interessant. Lavatera 'Mont Blanc', de bonte, klimopbladige geranium en gazania 'Elegante' en 'Daybreak' zijn allemaal geschikt. In de lente kunt u een groot aantal 'Greuze'-tulpen planten of een van de geurende narcissen en rondom 'La Grave'-maagdenpalm zetten.

Zandkleurig steen
Een zandkleurige, stenen urn met een beplanting van enkele minder bekende soorten: lantana, pentas en goudbladige weigelia. Het geheel ziet er van alle kanten mooi uit. Zet de urn op een vierkante zuil aan het eind van een recht pad, op een muur of op een pilaar bij een terras.

Praktische tips

Grond
Plant in een doorlatende, vruchtbare potgrond.

Groeiplaats
Zet op een plek met halfschaduw.

Water
Geef flink veel water en iedere twee weken mest.

Planten
Plant vijf lantana's, drie exemplaren van de pentas en drie weigela's in een stenen urn met een diameter van 75 cm.

Pentas (*Pentas lanceolata*)
Produceert in zomer en herfst groepjes roze, lila, rode of witte bloemen.

Lantana (*Lantana camara*)
Verwijder de toppen van jonge planten zodat de plant meer in de breedte gaat groeien.

Weigelia (*Weigela* 'Looymansii Aurea')
Snoei na de bloei enkele oude takken terug tot op de grond, zodat de plant krachtig blijft.

VATEN EN KUIPEN

Het is soms een goed idee om struiken of kleine bomen in zeer grote bakken te plaatsen. Tuincentra hebben tegenwoordig een groot assortiment, waaronder aardewerken kuipen, plantenbakken van fiberglas en oude biervaten. U kunt natuurlijk ook improviseren met allerlei vaatwerk uit de keuken, maar dan moet u wel gaten in de onderkant boren.

—— Fiberglas ——

Fiberglas kan gemakkelijk in allerlei vormen en kleuren worden verwerkt en wordt daarom veel gebruikt voor plantenbakken. Ook voor replica's van houten Versailles-bakken, bewerkte loden potten, en andere antieke kuipen die moeilijk verkrijgbaar of zeer duur zijn, wordt het veel gebruikt. Imitaties van fiberglas kunnen zeer goed zijn. Ze hebben een lange levensduur, zijn licht in gewicht en vergen weinig onderhoud.

—— Biervaten ——

De bekende houten vaten met hun ijzeren banden werden oorspronkelijk gebruikt om bier in te vervoeren. Doormidden gezaagd zijn het uitstekende plantenbakken, die verscheidene jaren meegaan tot de ijzeren banden zijn doorgeroest. Het is belangrijk om het hout van deze vaten vochtig te houden. Als ze uitdrogen krimpt het hout en vallen de ijzeren banden eraf waardoor het vat uit elkaar valt. Over het algemeen is de grond vochtig genoeg om dit tegen te gaan. Als u vaten koopt in tuincentra is het van belang dat u controleert of het hout is uitgedroogd, want dan moet u het vat eerst door en door nat maken voordat u het beplant. Als u vaten koopt van een brouwerij, moet u in de bodem enkele 1 cm brede gaten boren.

Rododendrons op de stoep
Halve vaten (BOVEN) met roze en paarse rododendrons ter aanvulling van de spectaculaire irissen op de achtergrond.

Koningin van de nacht
Een simpel houten vat (LINKS) met prachtige, bijna zwarte tulpen van het ras 'Queen of Night' staat dramatisch vóór de citroengroene bladeren van de wolfsmelk.

U kunt het hout van de vaten conserveren door het te verven. Kies een kleur die bij de omgeving past. Wit, zwart of groen zijn meestal goed, maar meer avontuurlijke kleuren komen soms beter uit bij het houtwerk van het huis of bij de beplanting. Geel doet planten met goudkleurige bladeren beter uitkomen, terwijl grijs hetzelfde doet met zilverkleurige blad.

—— Keuze van planten ——

Door hun grootte zijn vaten en kuipen zeer geschikt om struiken en kleine bomen in te planten. Bollen, in het bijzonder lange narcissen en tulpen, zijn ook geschikt, omdat hun lange stelen de zijkanten van de kuip accentueren. Ik houd ervan om één soort of variëteit te gebruiken. Een groep klimopplanten van één variëteit, die een kuip overgroeit, is bijzonder mooi en blijft het hele jaar voldoening geven. In de zomer is een stel petunia's of laaggroeiende rozen vaak schitterend.

—— Watertuin ——

Als een kuip of vat waterdicht is kunt u het vullen met water en er waterplanten in zetten, bijvoorbeeld kleine waterlelies of kleine drijvende soorten (ZIE PAGINA 112). Zorg ervoor dat de wortels van de waterlelies zich op exact de juiste diepte bevinden. Zo nodig kunt u wat stenen leggen onder het mandje waarin de wortels zich bevinden. Houd het wateroppervlak schoon en vul zo nodig water bij.

Een blauwe conifeer

De meeste coniferen groeien goed in bakken als ze genoeg water krijgen, de grond goed doorlatend en van een goede samenstelling is. Watergebrek is de meest voorkomende oorzaak van afsterven. U dient daarom de grondvochtigheid de hele winter en ook de rest van het jaar in de gaten te houden. Geef echter geen water als het vriest. Veel coniferen kunnen op winderige plekken staan, vooral dennen, sparren en jeneverbessen. De laagblijvende soorten leven heel lang en hebben vaak prachtige kleuren, van heel licht limoengroen tot intens zilverblauw. Een hogere, snelgroeiende soort, die het goed doet in een kuip, is *Picea* 'Albertiana Conica'. Hij vormt een groene pyramide die evenwel beschut moet staan, omdat hij anders verdort. *Pinus mugo* en *Pinus wallichiana* zijn ook schitterende soorten die bovendien uitstekende windschermen vormen.

Praktische tips

Grond
Plant in een neutrale of zure potgrond waaraan scherp zand is toegevoegd (verhouding 5:1).

Groeiplaats
Zet op een zonnige of open plek.

Water
Houd de potgrond vochtig.

Planten
Plant twee sparren en vier klimopplanten in een aardewerken vorstbestendige kuip, met een diameter van 50 cm.

Planten van een conifeer

1 Leg een laag schone scherven op de bodem van een vorstbestendige, aardewerken pot. Leg hierop tot aan het niveau van de wortels een laag kalkvrije potgrond vermengd met scherp zand. Druk stevig aan.

2 Drenk de wortelkluiten van twee platte blauwsparren een uur lang in water en plaats ze in de pot. Druk de grond aan. Vul de pot en plant klimop langs de rand.

3 Controleer of de grond stevig is aangedrukt en geef water.
Omdat blauwsparren langzaam groeien hoeft u slechts af en toe verkeerd groeiende scheuten terug te snoeien. Zorg ervoor dat de potgrond niet te nat of te droog wordt.

Zilveren Lentebladen
Na drie jaar kunt u dit arrangement verpotten. Het eind van de lente is een goede tijd om coniferen en andere groenblijvende struiken te planten of te verpotten. Hier ziet u ze in midden lente terwijl de nieuwe scheuten op het punt staan om nieuwe naalden te vormen, die nog zilverachtiger zijn dan de oude.

Blauwspar (*Picea pungens* 'Glauca')
Coniferen groeien goed in kuipen omdat ze niet zulke lange wortels hebben.

Klimop (*Hedera helix* 'Sagittifolia variegata')
De bonte, sterk gelobde bladeren zorgen in dit groenblijvende arrangement voor een permanent contrast.

Wijnvaten

Pieris is een van die waardevolle planten die het hele jaar door aantrekkelijk zijn om te zien. Hij vormt daarom een uitstekende basis voor een permanente kuipbeplanting. Hoewel zijn glanzende, groenblijvende bladeren een schitterende achtergrond vormen voor de seizoenbloeiers, heeft hij ook zijn eigen seizoenmatige bekoringen. In de lente zijn de nieuwe bladeren eerst helderroze, dan bleekroze en uiteindelijk licht geelgroen. Tegelijkertijd ontluiken de witte bloemen, die ons doen denken aan die van het lelietje-der-dalen. In dit lente-arrangement zijn cinerariaplanten rondom de pieris geplant: hun margriet-achtige bloemen vormen een verrassende combinatie met de nieuwe roze pierisbladeren. Cineraria wordt gewoonlijk als kamerplant geteeld, maar doet het buiten, op een vorstvrij plekje uitstekend, als u hem tenminste plant wanneer de bloemen zich aan het openen zijn.

Doorlopende voorstelling

Plant, nog vóór de cineraria, in de vroege lente groepjes narcissen tussen de pieris. Ze staan schitterend tussen de groenblijvende bladeren. In de zomer kunt u de gaten dan opvullen met eenjarigen: tabaksplanten, New Guinea-hybriden van het vlijtig liesje en fuchsia's. Deze planten houden net als pieris van schaduw of halfschaduw. Bovendien groeien ze goed in de zure potgrond die pieris wenst.
Als de pieris in zijn eentje staat, omdat er geen seizoenbeplanting is, kunt u de overblijvende ruimte opvullen met potten, gevuld met grond. Dit voorkomt dat de wortels van de pieris deze plaatsen innemen. Zo kunt u hier later makkelijker nieuwe planten zetten.

Lichtgewicht vulling
Omdat een wijnvat nogal hoog is, heb ik een 25 cm dikke laag van stukjes polystyreen aangebracht. Dit is goed voor de afwatering en zorgt er bovendien voor dat het vat niet te zwaar wordt.

Praktische tips

Grond
Plant in een doorlatende, zure en zeer vruchtbare potgrond.

Groeiplaats
Zet in de halfschaduw, beschut tegen de wind en beschermd tegen de vorst.

Water
Geef flink water, maar niet teveel. Geef eens in de twee weken, van de lente tot de herfst, kunstmest.

Planten
Plant drie pierisplanten, vier cineraria's en vijf klimopplanten in een houten wijnvat.

Overblijfsel van een wijngaard

Dit antieke wijnvat is beplant met bonte pieris en bloeiende cineraria's. Het vat komt van een Franse wijngaard waar het werd gebruikt om druiven van het veld naar de pers te vervoeren. Let erop, als u een dergelijk vat beplant, dat er voldoende afwateringsgaten zijn. Laat het hout niet teveel uitdrogen, omdat het anders krimpt, waardoor de ijzeren banden, die het geheel bij elkaar houden, los gaan zitten.

Pieris (*Pieris* 'Flaming Silver')
Een leuke, bonte vorm met in de lente roze scheuten.

Cineraria (*Senecio* x *hybridus*)
Hij bloeit in de late winter, lente en vroege zomer zo uitbundig, dat de bladeren aan het oog worden onttrokken.

Klimop (*Hedera helix* 'Pittsburgh')
Een gewoon groene klimop die het uitstekend doet in kuipen.

Een snelle verandering

Als u de cineraria's in hun pot laat zitten, zijn ze na de bloei makkelijker te verwijderen. Let er wel op dat u ze voldoende water geeft. Als ze zijn uitgebloeid, kunt u ze vervangen door eenjarige zomerbloeiers.

EEN KUIP VOL PETUNIA'S

De meeste petunia's zijn redelijk winterhard, maar ze kunnen het beste als eenjarigen worden geteeld, omdat ze de neiging hebben om in het tweede jaar door te schieten en minder bloemen te produceren. In het eerste jaar bloeien ze constant van de vroege zomer tot de herfst. Evenals bij de meeste andere planten met een lang bloeiseizoen, is het van belang om de uitgebloeide bloemen te verwijderen. De bladeren en stengels zijn harig. Een nadeel van deze soort is dat de bladeren kleverig zijn en dat vuil en stof er niet automatisch afspoelt.

Petunia's zijn veelvuldig gekruist en de variatie in kleur en bloemvorm is enorm. De kleuren variëren van fluweelachtig paarsrood, via violet, rood, roze en geel, tot wit. Sommige hebben gestreepte en gevlekte kroonbladeren, andere hebben een band van een contrasterende kleur langs de rand van elke bloem. Er zijn kleine, grote, enkele en dubbele bloemen. Sommige hebben een bijna net zo bedwelmende geur als gardenia. De grootbloemige variëteiten hebben de neiging in regen te verkleuren; de Resisto-hybriden zijn meer weerbestendig.

Praktische tips

Grond
Plant in een doorlatende onvruchtbare potgrond.

Groeiplaats
Zet op een warme zonnige plek.

Water
Houd vochtig maar niet te nat. Geef af en toe kunstmest, meer voor de bloemen dan voor het blad.

Planten
Plant 24 petunia's in een half houten biervat met een diameter van 90 cm.

Petunia (*Petunia x hybrida*)
Een selectie petunia's die fantasievol op hun kleur zijn geselecteerd.

Kleurpermutaties
Dit mengsel van bleekroze, maïsgeel en donkerroze met een roomkleurig oog, past goed bij het oude halve biervat. Een selectie gestreepte variëteiten, lichtblauwe, crèmekleurige en witte bloemen zou ook aantrekkelijk zijn. Allerlei variëteiten rood vormen een bont geheel.

Een pot met rozen

Als u van rozen houdt en ze in potten wilt planten heeft u de keus uit allerlei kleinblijvende rozen. Door hun compacte bouw, kleine bladeren en kleine maar volle bloeiwijze zijn ze eleganter dan de grotere rozen en zijn ze geschikter als potplant. U kunt de grote soorten ook in potten telen, maar ze zullen minder bloemen produceren dan in de volle grond, omdat ze in potten te weinig ruimte voor hun wortels hebben. Bij tijden zullen rozen er in potten niet al te mooi bijstaan, maar u kunt natuurlijk van mening zijn dat hun prachtige bloemen dit ruimschoots compenseren.

Er worden voortdurend nieuwe miniatuur- en patiorozen (kruisingen tussen miniatuur- en floribundarozen, speciaal voor potten) geteeld en er zijn dan ook vele variëteiten verkrijgbaar. Ik probeer altijd zoetgeurende variëteiten te selecteren, zoals 'Robin Redbreast', een vrolijke variëteit met lichtrode bloemen met bleke ogen. Een andere favoriet is 'Stars 'n' Stripes', een afstammeling van de oude 'Ferdinand Pichard'. Hij heeft witte bloemen, met paarsrode en karmozijnrode vlekken en een heerlijke ouderwetse rozegeur.

Roos (*Rosa* 'Robin Redbreast') Een patioroos die speciaal als potplant is ontwikkeld.

Een tweede leven
Een gebroken deksel betekende het eind van het nuttige leven van deze pot. Door met een steenboor twee 1 cm brede gaatjes in de bodem te boren werd hij veranderd in een bloempot. Deze lage rozen worden door de pot opgetild, zodat u er makkelijker aan kunt ruiken.

Praktische tips

Grond
Plant in een doorlatende vruchtbare potgrond.

Groeiplaats
Zet op een plek die minstens de helft van de dag zon krijgt.

Water
Geef flink water, maar niet teveel. Geef eens per week mest.

Planten
Plant drie 'Robin Redbreast'-rozen in een pot met een diameter van 35 cm.

ZOMERSE SALADE

Het is prettig om fruit, groenten en kruiden in eigen tuin te telen. Hoewel het niet zo moeilijk is om kruiden in potten te kweken, zijn er maar weinig groenten en vruchten waarbij het de moeite loont. Als ze worden geteeld in een vruchtbare potgrond en verder goed worden verzorgd, geven tomaten de meeste kans op een rijke oogst. Courgettes, op een zelfde manier geteeld, doen het ook goed. U kunt ze opeenvolgend planten, zodat u van het midden van de zomer tot de herfst kunt oogsten. Aardbeien en bosbessen geven ook een goede oogst als ze in potten worden geteeld.

Tomaat (*Lycopersicon lycopersicum* 'Red Ensign')
Een goede groeier die vroeg vrucht draagt. Leid langs stokken, verwijder de zijscheuten, laat de plant niet hoger worden dan 30 cm en besproei de bloemen om de vruchtzetting te stimuleren.

Praktische tips

Grond
Plant in een doorlatende, zeer vruchtbare potgrond.

Groeiplaats
Zet op een zonnige plek.

Water
Geef gedurende het groeiseizoen veel water en twee tot drie maal per week kunstmest voor tomaten.

Planten
Plant drie tomaten en twee courgettes in een vierkante bak van fiberglas van 70 cm breed.

Courgette (*Cucurbita pepo* 'Zucchini')
Uitstekende vruchten met een dunne schil.

Tuinprodukten
Tomaten en courgettes groeien goed op een zonnige plek, in een grote kuip van fiberglas. Als de tomaten rijpen, worden de bladeren geel. Zet de planten in uw tuin daarom op een onopvallend plekje.

BAKKEN EN TROGGEN

Het idee om een gootsteenbak of trog als bloembak te gebruiken is een relatief nieuw, fantastisch idee. Gootsteenbakken en troggen worden al eeuwen gebruikt, respectievelijk in keukens en op boerderijen. De oude werden gemaakt van steen en ze hebben het voordeel dat ze eruit zien alsof ze deel uitmaken van het landschap. Moderne bakken worden gewoonlijk van porselein vervaardigd.
Als u in het gelukkige bezit bent van een stenen bak, geef hem dan een ereplaatsje in u tuin. Zet hem op de grond of op een verhoging van stenen.

Gewichtsprobleem

Het enige nadeel van een stenen bak is het gewicht. Ik bezit er een, die volgens de verhuizers zwaarder was dan een vleugel. Het is echter mogelijk om hem te verplaatsen met behulp van een hefboom en een paar bezemstelen, die als rolstokken worden gebruikt. Hef de bak op en schuif de bezemstelen er op gelijke afstanden onder. Duw de bak langzaam naar voren, en leg de vrijkomende bezemsteel aan de voorkant van de bak, zodat hij de bak steunt als die naar voren komt. Het is een moeizaam maar toch niet al te zwaar karwei.

Een loden erfstuk
Een mooie, 18de-eeuwse loden trog (BOVEN), beplant met petunia's, salie, violen, margrieten, helichrysum, geurende geraniums en een abutilon, is geplaatst tegen een achtergrond van een groenblijvende haag.

Een gootsteentuin
Een verzameling succulenten en rotsplanten in verschillende stenen bakken en in een dakpan op een heet, zonnig terras. Iedere bak staat iets boven de grond, zodat het water makkelijker door de afwateringsgaten kan wegstromen.

Moderne alternatieven

Porseleinen bakken zijn niet zo zwaar als stenen bakken maar als u ze bedekt met een cementlaag (ZIE DE PAGINA'S 158-9), worden ze wel net zo zwaar. Speciaal voor de tuin zijn er tegenwoordig allerlei lichte bakken verkrijgbaar. De houten bakken zijn zeer attractief, maar u moet wel op de duurzaamheid van het hout letten. Het beste maar ook het duurste is teak- of cederhout. Om de duurzaamheid te vergroten moet u de binnenkant van de bak beitsen of bedekken met een laag plastic, waarin u gaten maakt die samenvallen met de afwateringsgaten.
Sommige fiberglasbakken zijn gemaakt als imitatie-loden of houten bakken. Ze zien er overtuigend uit, vooral als ze een paar jaar buiten hebben gestaan en zijn verweerd.

Lage beplantingen

Omdat gootsteenbakken en troggen relatief laag zijn in vergelijk met hun breedte, is het logisch om ze met lage planten te beplanten. Bij beplanting met hoge planten kloppen de verhoudingen niet. Op een zonnige plek zijn rotsplanten een goede keus. Ze zijn goed bestand tegen wind, kou en felle zon. U kunt een miniatuur rotstuin maken door stenen op de potgrond te leggen (ZIE DE PAGINA'S 158-9). In de schaduw kunt u de bakken versieren met oude stukken boombast en beplanten met kleine varens. Een stenen gootsteenbak is ook geschikt voor een verzameling huislookplanten of kleine zilverbladige succulenten.
Alle rotsplanten moeten in de winter tegen vocht worden beschermd, omdat ze anders zullen gaan rotten en afsterven. Op beschutte plakken kunt u dit doen door in de hoeken van de bak stokjes te zetten en hierop een glasplaat te leggen. Laat een ruimte van 15 cm over, zodat de planten het glas niet raken. Het is belangrijk om voldoende ventilatie te hebben. U kunt natuurlijk ook een plastic overkapping maken.

EEN BOSTUIN

Als u in het gelukkige bezit bent van een grote oude stenen gootsteenbak, die op een schaduwrijke plek staat, dan hoeft u hem niet te verplaatsen naar een zonniger plek. Er zijn genoeg prachtige planten die uitstekend groeien zonder al teveel zon.
Deze schaduwminnende bollen en bloemen groeien tussen het mos en vormen een betoverende half-wilde beplanting. Hondstand, met zijn witte, crèmekleurige of roze, wasachtige teruggeslagen kroonbladen, is een van mijn favorieten. Ook de kievitsbloem is een favoriet. Van dichtbij bekeken lijken de papierachtige, hangende bloemen op het fijnste porselein, ze zijn ingewikkeld geaderd en variërend van wit, via roze en purper, tot bijna zwart.
Jammer genoeg komen sleutelbloemen tegenwoordig, al zijn ze beschermd, niet meer zo algemeen voor. U kunt ze gemakkelijk uit zaad opkweken en ze hebben een heerlijke zoete botergeur. Lelietjes-der-dalen bezitten een van de heerlijkste geuren, maar ze zijn onvoorspelbaar: ze gedragen zich òf als een onkruid, òf ze willen niet aanslaan. Ik ken mensen die ze al jaren proberen te telen, maar zonder succes. Als u denkt dat dit ook in uw tuin niet zal lukken kunt u uvularia proberen.

Natuurlijke kolonisten
Alle planten in deze stenen bak zullen zich uitbreiden en grotere groepen vormen die gesplitst kunnen worden. Omdat hondstand en kievitsbloem na de bloei afsterven kunt u kleine in zomer- en herfstbloeiende planten boven en naast de bollen planten.

Lithodora (*Lithodora diffusa* 'Heavenly Blue')
Bloeit heel lang.

Lelietje-der-dalen (*Convallaria majalis*)
De tere stengels van de bloemen hebben een intense en heerlijke geur.

Praktische tips

Grond
Plant in een vruchtbare, kalkarme potgrond, waaraan bladaarde is toegevoegd.

Groeiplaats
Zet in de halfschaduw.

Water
Houd de grond vochtig maar niet te nat.

Planten
Plant vijf hondstanden, twaalf kievitsbloemen, zeven sleutelbloemen, een lithodora, negen lelietjes-der-dalen en drie eikvarens in een stenen bak van 120 x 70 x 20 cm.

Een verzameling rotsplanten
Plant voor een lentecombinatie, in een stenen bak op een zonnige plek, een verzameling vroegbloeiende rotsplanten. Aan het eind van de lente geeft phlox een schitterende show met zoetgeurende bloemen en wat later produceert lewisia helderroze bloemen.

Echte sleutelbloem (*Primula veris*)
De hangende trompetbloemen hebben een zoete geur en bloeien lang.

Kievitsbloem (*Fritillaria meleagris*)
In de lente bloeiende bollen die van een vochtige plek houden.

Hondstand (*Erythronium* 'Pagoda')
Slechts weinig bloemen hebben zo'n mooi en zelfverzekerd voorkomen.

Eikvaren (*Polypodium vulgare*)
Varens groeien graag in spleten en daarvoor is dit oude stuk boombast zeer geschikt.

Mos
Een laag mos helpt om de grond vochtig te houden.

ZEESTUKJE

Een reuzenschelp is niet het eerste waaraan u denkt als u een bloembak zoekt, maar deze schelp is uitstekend geschikt voor laagbloeiende planten met een klein wortelstelsel. Deze schelp had al een gat voor de afwatering. Zijn enige nadeel is zijn gewicht: zelfs twee mensen kunnen hem nauwelijks tillen. Afhangende planten zijn geschikt en witte en zilverkleurige bloemen en bladeren geven het geheel een extra marien cachet. De kalanchoë heeft een sterke kleur, precies wat ik wilde. Als het mogelijk was geweest om de schelp te beschutten tegen teveel vocht in de winter, had de schelp ook beplant kunnen worden met rotsplanten. Een beplanting met een enkele soort kan ook heel mooi zijn. Bijvoorbeeld campanula (*Campanula garganica*), een vaste plant, die in de zomer bedekt is met blauwe bloemen, of een tapijt van klimop als 'Duck's Foot Ivy', 'Ivalace', 'Manda's Crested' of 'Eva', die zilveren strepen heeft.

Duizendknoop (*Polygonum affine* 'Donald Lowndes')
Een matvormende meerjarige, met donkerroze bloemen, die verkleuren tot bleekroze.

Vetkruid (*Sedum anacampseros*)
Een winterharde variëteit die 's zomers paarsroze bloemen draagt.

Praktische tips

Grond
Plant in een goed doorlatend mengsel van normaal vruchtbare potgrond met fijn zand (verhouding 4:1).

Groeiplaats
Zet op een zonnige plek.

Water
Geef niet teveel water.

Planten
Plant twee vetkruiden, een kamille, een anjer, een heuchera, een duizendknoop en twee kalanchoë's in een 75 cm brede en 25 cm diepe schelp.

Anjer (*Dianthus* 'Little Jock')
In de zomer heeft deze variëteit enkele lichtroze bloemen met een donkerroze hart, die naar kruidnagelen ruiken.

Kalanchoë (*Kalanchoe blossfeldiana*)
Hoewel deze variëteit niet winterhard is doet hij het in droge zomers buiten goed.

Kamille (*Anthemis punctata cupaniana*)
Gekweekt om zijn margriet-achtige bloemen en zijn zilveren filigrain-achtige bladeren.

Heuchera (*Heuchera* 'Snowstorm')
Een schitterende variëteit die wordt geteeld om zijn leuke bloemen en zijn prachtige witte groenomrande bladeren.

Het hele jaar interessant
Behalve de kalanchoë, zijn alle planten winterhard en groenblijvend, zodat het arrangement het hele jaar door het aanzien waard is. Het is een beplanting die met de seizoenen verandert. Hier zien we hem in de zomer, tijdens de bloei van de duizendknoop.

HOUTEN TROG MET HEESTERS

Heesters en vaste planten groeien in een diepe kuip net zo goed als rotsplanten. In deze 25 cm diepe houten trog gedijen heesters en zilverbladige planten. De witbloeiende winterheide is minder veeleisend dan andere heideplanten, omdat hij ook in neutrale grond groeit. In zachte perioden aan het eind van de winter, worden de bloemen vergezeld door de paarsblauwe bloemen van de rozemarijn. Hebe is gekozen om zijn prachtige groenblijvende bladeren. Later in het jaar zit hij vol met witte stervormige bloemen. De strobloem is ook een zomerbloeier, maar is hier geplant vanwege zijn schitterende zilveren blad.
Hoewel deze trog een winterbeplanting heeft kunt u de winterheide in de zomer vervangen door campanula's of door witbloeiende klimopbladige hanggeraniums.

Hebe (*Hebe pinguifolia* 'Pagei')
Hier geplant vanwege zijn zilveren blad. Deze hebe wordt in de zomer overladen met witte bloemen.

Bladtextuur
Een winterarrangement met heesters, gekozen vanwege hun bladtextuur en kleur. Deze combinatie kan het best van boven worden bekeken. Plaats hem daarom op de grond, maar let wel op de afwatering.

Winterheide (*Erica carnea* 'Springwood White')
Een betrouwbare winterbloeiende variëteit met witte bloemen.

Klimop (*Hedera helix* 'Ivalace')
Karakteristiek vanwege zijn glanzende, gerimpelde groene blad en zijn opvallende nervatuur.

Rozemarijn (*Rosmarinus officinalis* 'Prostratus')
Een kruipende variëteit met lage bladeren en bloemen.

Kruipers

Plaats de hoger groeiende rozemarijn, hebe en strobloem achterin de trog en zet de meer kruipende winterheide, klimop en jeneverbes aan de voorkant.

Praktische tips

Grond
Plant in een arme, doorlatende, kalkvrije potgrond, vermengd met wat zand (verhouding 10:1).

Groeiplaats
Zet deze trog in de zon.

Water
Houd vochtig, geef het water bij de winterheide.

Planten
Plant een hebe, twee heideplanten, een jeneverbes en een strobloem in een teakhouten trog van 80 x 60 x 20 cm.

Strobloem (*Helichrysum italicum*)
Regelmatig licht snoeien om zijn ronde vorm te bewaren.

Kruipende jeneverbes (*Juniperus horizontalis* 'Bar Harbor')
Een lage conifeer, ideaal voor kuipen.

Weerbestendig
Een trog van teakhout is bijzonder weerbestendig en kan, zonder enig onderhoud, jarenlang buiten staan.

HANGMANDEN

Het grote voordeel van hangmanden is dat u planten kunt houden op schijnbaar onmogelijke plekken: hoog aan een muur, onder een tak van een boom of hangend aan de balken van een veranda, pergola of prieel.

Bal van begonia's
Kleinbladige en -bloemige begonia's, geteeld in de vorm van een rood, wit en roze gestippelde bal, bloeien de hele zomer.

Onder de takken
Een mand met vlijtig liesje en lobelia (LINKS), hangend aan een boomtak. Vlijtig liesje is een goede keus voor in de schaduw.

—— Soorten hangmanden ——

De meeste in de winkel verkrijgbare hangmanden zijn gemaakt van een simpele lichtgewicht draadconstructie. Het gewicht is belangrijk omdat manden gevuld met grond en planten zeer zwaar kunnen worden (gebruik ook altijd lichte potgrond). U kunt ook tenen manden nemen (ZIE DE PAGINA'S 102-3), maar die moeten wel stevig zijn en goed worden bevestigd. Besef dat u geen planten uit de onderkant van de mand kunt laten groeien. Planten kunnen alleen aan de bovenkant groeien en eventueel over de rand hangen.

Er bestaan ook muurpotten met een platte achterkant, zodat ze makkelijk aan een verticaal oppervlak kunnen worden bevestigd. Ze zijn gemaakt van aardewerk of draad. Voor een grotere beplanting aan een stenen muur, kan een oude ijzeren hooiruif schitterend zijn (ZIE DE PAGINA'S 98-9).

Alle manden moeten van binnen worden gevoerd. Voor standaardformaten kunt u in de winkel plastic of fiberglaspotten verkrijgen.

Ik prefereer echter een bekleding van mos. Die is minder opzichtig en oogt veel natuurlijker. Als u het mos vochtig houdt, blijft het de hele zomer door groen. U hebt dan nog wel een laag plastic nodig, tussen het mos en de grond, om het grondmengsel vochtig te houden.

Zorg ervoor dat de moslaag vlak en dik genoeg is om het plastic aan het oog te onttrekken. Veenmos is zeer geschikt voor dit doel en verkrijgbaar in tuincentra.

—— Welke hoogte ——

Voor u planten voor een hangmand kiest moet u de uiteindelijke hoogte in beschouwing nemen. Het is geen goed idee om planten te kiezen die er van boven prachtig uitzien, aangezien u vaak alleen de onderkant van de mand kunt zien. Kies planten die zo groeien dat u ze goed kunt zien. De bloeiende begonia's (LINKS) zijn van de zij-, onder- en bovenkant te bewonderen, maar de mosplanten (ZIE DE PAGINA'S 102-3) moeten op ooghoogte hangen. Ik hou ervan om veel planten in hangmanden te zetten, zodat er een overvloed aan bladeren en bloemen te zien is. Er moet dan wel zeer veel mest en water worden gegeven. Bij warm weer soms wel twee of drie maal per dag. De wortelkluiten van de verschillende planten mogen elkaar raken, maar u mag ze niet aandrukken, omdat ze anders niet genoeg ruimte hebben.

—— Bevestiging ——

Als hangmanden nat zijn, worden ze zeer zwaar en daarom moeten ze goed worden verankerd. Gelijk met de hangmanden worden meestal speciale hangarmaturen verkocht. Veranker die stevig met schroeven en pluggen. Als u een mand aan een pergola of veranda hangt, moet u een stevige dwarsbalk uitkiezen. Controleer iedere keer als de u mand opnieuw beplant of de bevestiging nog in orde is.

Traditionele hangmand

Hoewel hangmanden ieder seizoen beplant kunnen worden, komen ze 's zomers het best tot hun recht. Lage en hangende eenjarigen met een overvloed aan bloemen zoals geranium, petunia, begonia, zeeschildzaad, blauwe lobelia en vlijtig liesje zijn met reden favoriet. Van de vroege zomer tot de eerste vorst geven ze continu kleur in uw tuin. Ook andere planten als convolvulus, verbena, nasturtium, lantana, lotus, portulaca, calceolaria en felicia doen het goed. Alleen verbena en nasturtium hebben echter hetzelfde uithoudingsvermogen als de leden van de eerste groep.

Praktische tips

Grond
Plant in een lichtgewicht grondmengsel van een normale vruchtbaarheid

Groeiplaats
Hang op een zonnige plek

Water
Geef veel water, vooral met heet weer. Geef iedere week mest.

Planten
Plant zes lobelia's, vier strobloemen, twee zeeschildzaadplanten, twee portulaca's, drie klimopbladige geraniums en drie calceolaria's in een met mos bedekte hangmand van draad met een diameter van 35 cm.

Portulaca (*Portulaca grandiflora*)
Een zonminner, verkrijgbaar in roze, rood en wit.

Strobloem (*Helichrysum petiolare*)
Een voor hangmanden nuttige, kruipende bladplant.

Beplanten van een hangmand

1 Bekleed de draadconstructie met veenmos zodat het de hele binnenkant is bedekt maar toch niet teveel kostbare ruimte voor de wortels wordt ingenomen.

2 Breng een plastic laag aan op het mos zodat de beplanting niet te snel uitdroogt. Als u de planten niet door het plastic laat groeien moet u er vijf afwateringsgaten in knippen.

3 Wanneer u hangplanten uit de onderkant van de mand wilt laten groeien, moet u voorzichtig een stuk plastic om een plant wikkelen, zodat er een kegelvorm ontstaat. Bedek de wortels met het brede deel en de bladeren met het smalle deel van de kegel.

4 Maak een gat in de plastic bekleding. Steek vanuit de binnenkant het smalle deel van de kegel door het gat. Trek door totdat alle bladeren buiten zijn en verwijder dan het plastic. Nu zit de plant op zijn plek. Herhaal dit.

5 Als u een rand van planten aan de onderkant heeft gezet, moet u de mand opvullen met 7,5 cm potgrond. Breng meer planten aan en druk de grond goed aan tegen hun wortels. Maak nog een rand.

6 Beplant de bovenkant van de mand met verschillende planten. Breng potgrond aan tot iets onder de rand, zodat u nog water kunt geven. Hang de mand op zijn plek en geef veel water.

Calceolaria (*Calceolaria* 'Sunshine') Een compacte struikachtige plant met vibrerend gele bloemen.

Klimopbladige geranium (*Pelargonium* 'Madame Crousse') Een variëteit met lichtroze bloemen.

Zeeschildzaad (*Lobularia maritima* 'Little Dorit') Geeft een witte toets aan de beplanting.

Lobelia (*Lobelia erinus* 'Cascade Mixture') Een zeer bloemrijke variëteit met bloemen in de tinten lila, roze, karmijn en wit.

Non-stop bloemen

Na vier weken zijn de planten goed gegroeid en verschijnen de eerste bloemen. Geranium, zeeschildzaad, calceolaria, lobelia en portulaca zullen tot de herfst blijven bloeien als u de uitgebloeide bloemen tenminste verwijdert. De portulacabloemen openen zich alleen in de zon. Snoei de strobloem als hij te groot wordt.

Een mand in goud

Een hangmand met gouden bloemen en bladeren is schitterend voor een plek in de halfschaduw, die wat opgefleurd moet worden. Vaak werkt een losse ondoordachte beplanting goed in een hangmand, maar soms is een doordacht kleurschema beter. De informele strobloem vormt samen met de gele en gouden violen, de gouden klimop en de gele leeuwebekken een natuurlijke, wilde combinatie.

Praktische tips

Grond
Plant in een vruchtbare, lichtgewicht potgrond.

Groeiplaats
Plaats op een beschutte plek in de zon of halfschaduw.

Water
Geef veel water en twee maal per week mest.

Planten
Plant drie strobloemen, drie klimopplanten, zes violen (drie van elke variëteit) en vier leeuwebekken in een met mos en plastic beklede hangmand met een diameter van 35 cm.

Viooltje (*Viola* Christal Bowl Series)
De heldergele bloemen verspreiden een heerlijke geur.

Viooltje
(*Viola* x *wittrockiana* 'Rhine Gold')
Laat de planten niet verwilderen, want dan krijgen ze minder bloemen.

Leeuwebek (*Antirrhinum* 'Sweetheart')
Iedere lage, gele variëteit is geschikt voor deze hangmand.

Strobloem (*Helichrysum petiolare* 'Aureum')
Deze eenjarige is een snelle groeier en moet af en toe gesnoeid worden.

Gouden klimop
(*Hedera helix* 'Harald')
De bladeren hebben een gouden rand.

De gatentruc
Om planten in alle richtingen te laten groeien heb ik een klimop en twee violen door gaten in de onderkant van de hangmand geleid. De andere planten werden gewoon geplant. In het algemeen kunt u alleen hangende of kleine planten op deze manier behandelen.

EEN MAND IN ROOD EN ZILVER

Verschillende kleuren rood kunnen op een fascinerende manier samenwerken. Rozerood en oranjerood versterken elkaar als ze dicht bij elkaar worden geplaatst. Zeker naast het delicaat geveerde, zilverachtige blad van de lotus. Ik vond dat een zekere rust geen kwaad kon en voegde daarom ook twee siernetels toe.

Praktische tips

Grond
Plant in een vruchtbare, lichtgewicht potgrond.

Groeiplaats
Hang op een zonnige plek.

Water
Geef veel water en laat de mand nooit uitdrogen. Geef twee maal per week mest.

Planten
Plant twee 'Yale' en een 'Tavira' klimopbladige geranium, drie portulaca's, vier verbena's, vier lotussen en twee siernetels in een met mos en plastic beklede hangmand met een diameter van 45 cm.

Verbena *(Verbena* x *hybrida* 'Showtime')
Een vaste plant die als eenjarig wordt geteeld, met gezaagd blad en helderrode bloemen.

Portulaca (*Portulaca grandiflora* Sundance Series)
Een halfhangende eenjarige met dubbele roosachtige bloemen.

Siernetel (*Coleus blumei*)
Kies rode en karmijnkleurige variëteiten met een tikje goud.

Klimopbladige geranium (*Pelargonium* 'Tavira')
Delicate, karmijnrode bloemen hangen over de rand van de mand.

Klimopbladige geranium (*Pelargonium* 'Yale')
De fluwelen bloemen zijn prachtig donkerrood.

Lotus (*Lotus berthelotii*)
Een vorstgevoelige vaste plant die geteeld wordt vanwege zijn zilverkleurige bladeren en zijn rode, peulachtige bloemen, die in dit arrangement nog niet zijn uitgekomen.

Een rood arrangement
De geraniums en verbena's in deze hangmand zullen tot aan de eerste vorst bloeien.

EEN RUIF MET BLOEMEN

Een hooiruif is bijzonder geschikt voor kleine plaatsjes. Ze zijn slechts half zo breed als ronde hangmanden en kunnen met hun platte achterkant makkelijk aan de muur worden bevestigd. Ze waren oorspronkelijk bedoeld voor hooi in de paardestal. Ze zijn dermate geschikt als bloembak dat ze tegenwoordig speciaal voor dat doel worden verkocht.

Het arrangement in deze hooiruif is bedoeld om iets boven ooghoogte op te hangen. De fuchsia's en begonia's zullen in de loop van de zomer en herfst over de rand groeien. Om dit te bereiken kunt u de planten enigszins scheef in de ruif plaatsen zodat ze makkelijker in de gewenste richting groeien. Ook kunt u enkele uitlopers tussen de spijlen door leiden. Net als gewone hangmanden heb ik deze ruif bekleed met plastic en mos. Ik heb enkele gaten in het plastic gemaakt voor de afwatering en om planten door te leiden.

Praktische tips

Grond
Plant in een vruchtbare, lichtgewicht potgrond.

Groeiplaats
Plaats in de schaduw of halfschaduw.

Water
Geef veel water en eenmaal per week mest.

Planten
Plant drie begonia's, drie fuchsia's en twee vlijtige liesjes in een 50 cm brede hooiruif.

Vlijtig liesje (*Impatiens* New Guinea-hybride) Witgevlekte roze bloemen tussen bronskleurige bladeren met oranje en gele nerven.

Keuze van kleuren
Deze combinatie van lichtroze, donkerroze en donkerpaars is vooral effectief tegen een donkere stenen muur, waar de warme kleuren gedurende de zomermaanden de schaduw oplichten. Gebruik het volgende jaar dezelfde planten maar in een andere kleurencombinatie: geelbruine begonia's, oranje vlijtige liesjes met donkerrode bladeren en rode fuchsia's, of lichtroze begonia's met gouden bladeren, witte vlijtige liesjes en bijvoorbeeld de fuchsia 'Pink Galore'.

Fuchsia (*Fuchsia* 'Gruss aus dem Bodenthal') Draagt een overvloed helderroze bloemen met een donkerrode buis.

Begonia (*Begonia* x *tuberhybrida* 'Roy Hartley') Een halfhangende vorm met heerlijke langbloeiende kerskleurige bloemen.

KLEURFESTIJN VAN EENJARIGEN

Van het viooltje zijn honderden variëteiten verkrijgbaar, waarmee u allerlei schitterende kleurencombinaties kunt maken. U kunt viooltjes het hele jaar door kopen, maar de zomerbloeiers geven de meeste bloemen. U moet ze wel verzorgen door de uitgebloeide bloemen te verwijderen en de planten terug te snoeien zodat ze niet doorschieten.

Praktische tips

Grond
Plant in een doorlatende, tamelijk vruchtbare, lichtgewicht potgrond.

Groeiplaats
Plaats in de halfschaduw.

Water
Geef veel water en mest.

Planten
Plant acht viooltjes, drie exemplaren van de maskerbloem, vijf van het zeeschildzaad, drie van de Wandelende Jood en twee van de plectranthus in een 45 cm brede hangmand.

Plectranthus (*Plectranthus coleoides* 'Variegatus') Verwijder de bloemen zodat de bonte bladeren beter tot hun recht komen.

Maskerbloem (*Mimulus*-hybriden) Verwijder regelmatig de uitgebloeide bloemen.

Wandelende Jood (*Tradescantia fluminensis* 'Variegata') Een kamerplant, maar in de zomer een ideale hangplant.

Viooltje (*Viola* 'Jolly Joker') Produceert in de zomer zeer veel bloemen.

Zeeschildzaad (*Lobularia maritima* 'Wonderland') Een snel groeiende eenjarige plant.

Een kleurige bol
Deze hangmand zal maandenlang bloeien. Het kleurschema is even mooi als ongewoon. Om dit effect te bereiken dient u planten door de onderkant van de mand te leiden en dan de anderen te planten.

VOORJAARSCOLLECTIE

Hoewel dit arrangement ook mooi is in de winter en zomer, is het in het voorjaar op zijn mooist. De groenblijvende bladeren van de kardinaalsmuts en wolfsmelk zijn de hele winter het aanzien waard. In het midden van de winter gaan de madeliefjes al bloeien. Aan het eind van de lente krijgen ze gezelschap van de anemonen, het wildemanskruid en de wolfsmelkbloemen. Verwijder de uitgebloeide madeliefjes, opdat ze langer blijven bloeien.

Praktische tips

Grond
Plant in een tamelijk vruchtbare, lichtgewicht potgrond.

Groeiplaats
Hang op een zonnige plaats, beschut tegen de wind.

Water
Houd de potgrond vochtig.

Planten
Plant acht madeliefjes, twaalf anemonen, drie exemplaren van het wildemanskruid, drie van de wolfsmelk en drie van de kardinaalsmuts in een draadmand van 40 cm doorsnee.

Anemoon (*Anemone blanda* 'White Splendour') Een lente-bloeier.

Kardinaalsmuts (*Euonymus fortunei* 'Emerald 'n' Gold') Een heester die zeer geschikt is als potplant.

Bekijken op ooghoogte
Om het meest van deze beplanting van witte, roze en groene bollen en meerjarige planten te kunnen genieten moet u de mand op een zonnig plekje hangen, op ooghoogte of iets lager. Plant in de herfst zodat u er de hele winter, lente en zomer van kunt genieten.

Dubbel madeliefje (*Bellis perennis*) Verwijder de uitgebloeide bloemen opdat de plant langer bloeit.

Wildemanskruid (*Pulsatilla vulgaris* 'Rubra') De gele meeldraden benadrukken de volle kleur van de kroonbladen.

Wolfsmelk (*Euphorbia myrsinites*) Een zonminnende plant met limoengroene bloemen.

MANDEN VAN MOS

Dit schitterende trio gele lentebloemen groeit in een drietal met mos bedekte manden die aan elkaar zijn gebonden en zo een ongebruikelijke hangmand vormen. Ik bond de drie handgrepen met draad op twee plaatsen aan elkaar: op de plek waar ze aan de mand vastzitten en ongeveer 13 cm hoger. Tegelijkertijd maakte ik ook een ketting aan het geheel vast. Elke mand is gevoerd met plastic waarin afwateringsgaten zijn gemaakt en daarna gevuld met een lichtgewicht grondmengsel, zodat het geheel niet te zwaar werd.

Beplanting

Ik plantte de narcisse- en tulpebollen aan het eind van de herfst. De sleutelboemen, verkrijgbaar bij bloemisten en tuincentra, kunnen ook in de herfst worden geplant, maar het is beter om te wachten tot het voorjaar. Alle planten zijn winterhard en ze hebben in de winter maar weinig water nodig. Geef geen water als het vriest.

Langdurige bloei

Dit arrangement moet in de halfschaduw staan en kan in de lente verschillende weken bloeien. In de volle zon zal het iets korter zijn, al blijven de sleutelbloemen wel, met tussenpozen, tot het eind van de lente bloeien.

Sleutelbloem (*Primula* Pacific-hybriden)
Bloeit met tussenpozen van de winter tot en met de lente.

Praktische tips

Grond
Plant in een doorlatende, tamelijk vruchtbare, lichtgewicht potgrond.

Groeiplaats
Hang deze combinatie op een zonnige plaats, hoewel de planten het ook goed zullen doen in de halfschaduw of schaduw.

Water
Geef 's winters matig water, zodat de grond niet te droog wordt.

Planten
Plant vijf polyanthussen en twaalf tulpen in elk van de mosmanden van 30 cm doorsnee en twaalf narcissen in een mosmand van 18 cm.

Tulp (*Tulipa* 'Monte Carlo')
Een dubbelbloemige variëteit, die 30 cm hoog wordt.

Narcis (*Narcissus* 'April Tears')
Een delicate, lichtgele narcis, met een sterke geur.

Ongebruikelijk
Met mos beklede manden die, aan elkaar gebonden, aan een ketting zijn opgehangen vormen een ongebruikelijke hangmand.

Lentevreugd
De knalgele bloemen in hun ongewone manden symboliseren de lente. Hang ze tegen een muur of hek in de halfschaduw, zodat ze lang blijven bloeien.

DE JUISTE PLAATS

Als u planten uitzoekt moet u niet alleen rekening houden met de hoeveelheid zon, wind, en kou op een bepaalde plek, maar ook met esthetische waarden als de vorm, kleur en textuur van de eventuele beplanting en het karakter en formaat van de potten of kuipen, in relatie tot de onmiddellijke omgeving.

ONDER DE DAKRAND VAN EEN TUINSCHUURTJE

Astilbe en begonia, beiden zomerbloeiers, houden van een plekje in de schaduw, weg van de felle zon.

ZONNIGE PLAATSEN

De meeste planten houden van zon. Licht en zon zorgen ervoor dat ze gezonde groene bladeren krijgen en uitbundig bloeien. Teveel zon is echter ook niet goed. Potplanten die de hele dag in de zon staan kunnen zeer snel uitdrogen en u moet ze dan soms wel twee of drie maal per dag water geven. Zelfs dan is het mogelijk dat de bladeren verwelken en geel worden en dat de bloemen misvormd worden. Als u een zeer zonnige tuin heeft, moet u dus planten kiezen die goed tegen warmte bestand zijn.

Intense hitte

Cactussen en succulenten, aloë, cordyline, yucca en agave, zijn allemaal goed bestand tegen extreme hitte, felle zon en weinig water. Bovendien zijn ze ook bestand tegen lage temperaturen, zeker tot aan de vorst in de winter. Ze hebben echter vooral een hekel aan vochtige kou, zodat u ze 's winters toch het beste in een serre of kas kunt onderbrengen.

Provençaalse stijl
Hanggeraniums, geplant in een oliekruik uit Zuid-Frankrijk (BOVEN), houden van zon. Onder ideale (mediterrane) omstandigheden kunnen ze 6 m lang worden, maar alleen als ze in de volle grond staan. In potten worden ze niet zo lang.

Cactustuin
Grote aardewerken potten met een zuilcactus en een vijgcactus staan op een terras met terracotta tegels en werpen hun schaduwen tegen een witte muur. Echeveria's en steenbreek groeien aan de voet van de vijgcactus.

Felle kleuren

Felle kleuren passen uitstekend op een zonnige plek. Veel bloeiende planten gedijen in de zon, bijvoorbeeld zonale en grandiflorum geraniums, leeuwebek, petunia, goudsbloem, salvia, gazania, strobloem, hibiscus, anjer, phlox, en zinnia. Alle bloeien van de vroege zomer tot de eerste vorst. In warme klimaten worden geraniums, petunia's, anjers en gazania's als vaste planten geteeld en 's winters buiten gelaten.
De meeste van deze planten zijn in een groot aantal kleurvariëteiten verkrijgbaar. Ik plant ze graag door elkaar in grote vaten of kuipen, zodat hun kleuren een bont geheel vormen. Geef niet teveel mest gedurende het bloeiseizoen, omdat ze anders teveel blad en slechts weinig bloemen vormen.

Fruitbomen

Veel bomen groeien goed in grote kuipen op een zonnige plek. Geef tijdens het groeiseizoen veel mest en gedurende hete perioden overvloedig water. Dwergvruchtbomen, zoals appels, peren en pruimen, zijn allemaal geschikt en geven een respectabele oogst.

Een bedwelmende geur

Ik hou ervan om een stel potten met geurende planten naast de achterdeur of een tuinzitje te zetten. Geurende bloemplanten voor een zonnige plek zijn: anjer, lavendel, enkele verbena-soorten, zeeschildzaad, reseda, verschillende petunia-variëteiten en uiteraard rozen. Hoewel rozen het goed in de zon doen, staan hun wortels liever wat vochtig. Ze kunnen daarom het best op een niet te heet plekje staan, tussen zon en halfschaduw in.
Geurende bladplanten als rozemarijn, alsem, verbena, citroenmelisse, kamille en verschillende geraniums, alle uit het Middellandse-Zeegebied, gedijen ook in de volle zon. Zet iedere soort in een aparte pot en zet die in een groepje op een zonnig terras, zodat u van hun geurige blad kunt genieten.

PERGOLA MET BLOEMEN

Deze pergola, die achterin een smalle tuin is geplaatst, vraagt om een opvallende beplanting. Hij is drie maanden geleden gebouwd, zodat de klimplanten de pilaren en dwarsbalken nog niet hebben kunnen overgroeien. Dit was een uitstekende gelegenheid om er potten met allerlei kleurige eenjarigen en rozen in te zetten. Imitatie-natuurstenen en terracotta potten staan op de stenen vloer en zijn beplant met roze geraniums, vlijtig liesje, eustoma, en enkele gouden siernetels. In de zon zullen deze planten voortdurend bloeien en slechts een minimum aan verzorging nodig hebben. Kwekers komen steeds met nieuwe variëteiten geraniums, zodat u er nooit op uitgekeken kunt raken.

De rozen in de verweerde en versierde terracotta potten aan weerzijden van de trap bloeien rijk. 'Ballerina' begint later te bloeien dan andere rozen, maar maakt dit meer dan goed door hiermee non-stop door te gaan tot aan de vorst. Verwijder de uitgebloeide bloemen zodat nieuwe knoppen meer kans krijgen.

Schoonheid op niveau

Pergola's bieden een uitstekende gelegenheid om hangmanden te gebruiken, die boordevol beplant zijn met zomerbloeiende, eenjarige hangplanten. Aan de linkerkant van de pergola hangt een schitterende traditionele hangmand met rode geraniums, verbena en lotus. (Voor details ovcr dc beplanting ZIE PAGINA 97). Op schouderhoogte is extra kleur aangebracht met behulp van drie stamgeraniums. Hoewel u ze niet teveel water mag geven, zult u verbaasd zijn hoeveel water ze bij warm weer nodig hebben.

In de winter

Dit is een echte zomercompositie. In de herfst en winter, als de eenjarigen zijn uitgebloeid, kunt u de pergola versieren met heesters als laurier, buxus, en liguster, die zijn gesnoeid in de vorm van een hoogstam of kegel. Een hangmand met een gouden klimop contrasteert dan mooi met de donkergroene bladeren.

Plantverzorging

In de zon hebben planten regelmatig water nodig, tot soms wel twee of drie maal per dag. Met name hangmanden zullen snel uitdrogen omdat er zo weinig grond in zit. Hoewel op het mos een plastic laag ligt tegen het uitdrogen, moet u ze toch in de gaten houden. Geef de planten in de zomer een maal per week een vloeibare kunstmest. Bij warm weer, als de grond uitdroogt, zijn de planten gevoeliger voor meeldauw. U kunt dit eventueel met een fungicide bestrijden.

Zonale geranium
(*Pelargonium* 'Mauritiana')
Bleekroze bloemen met een donkerroze hart. Door zijn snelle groei een uitstekende stamgeranium.

Zonale geranium (*Pelargonium* 'Appleblossom Rosebud')
De mooie tweekleurige bloemen houden niet van nat weer.

Roos (*Rosa* 'The Fairy')
Een mooie variëteit, dicht begroeid met kleine, dubbele bloemen.

Zonale geranium (*Pelargonium* 'Ivalo')
De donkerroze bloemen hebben een hart dat nog donkerder is.

Roos (*Rosa* 'Ballerina')
Na een late start zal deze roos de hele zomer bloeien.

Siernetel (*Coleus blumei*)
Snoei regelmatig terug om het kleurige blad in een mooie vorm te houden.

Eustoma (*Eustoma grandiflora*)
Behalve deze roze variëteit, zijn er ook paarse en witte variëteiten verkrijgbaar.

Vlijtig liesje (*Impatiens* 'New Guinea-hybride')
Een schitterende variëteit met roze bloemen en donkerrode bladeren.

COMBINATIES IN DE ZON

Veel planten die op een zonnige plek gedijen, bloeien meerdere maanden van het jaar. De meest gebruikte planten zijn de zomereenjarigen. Aan het eind van het voorjaar zijn de tuincentra overladen met de bekende petunia's, geraniums, leeuwebekken, salvia's, lobelia's, afrikaantjes en zeeschildzaad. Het is daarom verstandig om, voordat u planten gaat kopen, een kleurschema voor uw potplanten te bedenken. Combinaties de volgens mij goed werken zijn: roze bloemen en zilverbladige planten; helderblauwe, lichtgele en limoengroene bloemen; oranje, rode en abrikooskleurige bloemen. Violet, lila en mauve komen mooi uit tussen zilverkleurige bladeren, terwijl geel en lichtroze ook een interessant paar vormen. U kunt natuurlijk ook allerlei verschillende kleuren door elkaar zetten.
De winter vraagt om helder gekleurde, groenblijvende struiken. Goudkleurige bladeren zijn altijd mooi, zelfs in grijs weer. Gebruik daarom kardinaalsmuts, aucuba, bonte fatsia, liguster, kamperfoelie, buxus en taxus. Ook allerlei bollen als narcissen, tulpen, hyacinten en krokussen gedijen in de zon. In kuipen gebruik ik het liefst de sterk geurende variëteiten.

Roze pracht
Zonale geraniums (BOVEN) doen het zeer goed op een zonnige plek, maar hun bloemen doorstaan nat en winderig weer niet gemakkelijk. Hun schitterende kleur wordt versterkt door de groene achtergrond.

Pure eenvoud
De simpele schoonheid van een witte kamille in een doodgewone bloempot (LINKS) is moeilijk te overtreffen.

Vijver
Een kleine vijver (RECHTS) met een miniatuur-waterlelie (*Nymphaea pygmaea* 'Helvola'), watersla (*Pistia stratiotes*) en waterhyacint (*Eichhornia acicularis*). De wortels van de waterlelie moeten zich 1 cm onder het wateroppervlak bevinden. De drijfplanten zijn niet winterhard, de waterlelie wel, zolang het water maar niet bevriest.

Zinnia
(*Zinnia elegans*)

ZONMINNENDE PLANTEN

De meeste planten houden van zon, vooral de soorten die veel bloemen produceren. Met name eenjarigen houden ervan om in de zon te bakken en ze groeien dan voorspoedig. In erg warme zomers kan het echter ook voor de meest fanatieke zonaanbidders teveel worden, zelfs als ze genoeg water krijgen. U kunt ze dan het beste op een plek zetten waar ze 's middags een beetje schaduw krijgen.

Ridderspoor
(*Delphinium elatum* 'Sungleam')

Petunia
(*Petunia* Ruffles Series)

Eustoma
(*Eustoma grandiflorum*)

Lente

Anemoon (*Anemone*)
Blauwe druif (*Muscari*)
Boterbloem (*Ranunculus asiaticus*)
Brem (*Cytisus*)
Dubbelbloemig madeliefje (*Bellis perennis*)
Flox (*Phlox subulata*)
Gentiaan (*Gentiana verna*)
Hyacint (*Hyacinthus*)
Iris (*Iris*)
Keizerskroon (*Fritillaria imperialis*)
Krokus (*Crocus*)
Kruiskruid (*Senecio* x *hybridus*)
Muurbloem (*Cheiranthus*)
Narcis (*Narcissus*)
Scilla (*Scilla*)
Sierkers (*Prunus*)
Sleutelbloem (*Primula polyanthus*)
Sleutelbloem (*Primula auricula*)
Sneeuwroem (*Chionodoxa*)
Steenbreek (*Saxifraga*)
Tulp (*Tulipa*)
Vergeet-mij-niet (*Myosotis*)
Weigela (*Weigela*)
Wildemanskruid (*Pulsatilla vulgaris*)
Wolfsmelk (*Euphorbia*)

Zomer

Aardbei (*Fragaria*)
Abutilon (*Abutilon*)
Afrikaanse lelie (*Agapanthus*)
Afrikaantje (*Tagetes*)
Ageratum (*Ageratum*)
Citroenkruid (*Artemisia*)
Bolderik (*Agrostemma*)
Clarkia (*Clarkia*)
Convolvulus (*Convolvulus cneorum*)
Courgette (*Cucurbita*)
Cuphea (*Cuphea ignea*)
Diascia (*Diascia*)
Duifkruid (*Scabiosa*)
Eustoma (*Eustoma*)
Ganzerik (*Potentilla*)
Gazania (*Gazania*)
Geranium (*Pelargonium*)
Gipskruid (*Gypsophila*)
Halimiocistus (x *Halimiocistus*)
Hanekam (*Celosia*)
Huislook (*Sempervivum*)
IJsplant (*Mesembryanthemum*)
IJzerhard (*Verbena*)
Kalanchoë (*Kalanchoe*)
Kamille (*Anthemis*)
Klaproos (*Papaver*)
Kruiskruid (*Senecio maritima*)
Lantana (*Lantana*)
Lavatera (*Lavatera*)
Lavendel (*Lavandula*)
Leeuwebek (*Antirrhinum*)

Houttuynia
(*Houttuynia cordata* 'Chamaeleon')

IJzerhard
(*Verbena* 'Sissinghurst')

Herfstaster
(*Aster*)

Gladiool
(*Gladiolus*-hybride)

Vrouwenmantel
(*Alchemilla mollis*)

Lavendel
(*Lavandula lanata*)

Lobelia (*Lobelia*)
Lotus (*Lotus berthelotii*)
Margriet (*Chrysanthemum*)
Marjolein (*Origanum*)
Maskerbloem (*Mimulus*)
Nemesia (*Nemesia*)
Oostindische kers (*Tropaeolum majus*)
Pantoffelplantje (*Calceolaria*)
Pentas (*Pentas*)
Peterselie (*Petroselinum crispum*)
Petunia (*Petunia* x *hybrida*)
Plecostachys (*Plecostachys*)
Plumbago (*Plumbago*)
Portulaca (*Portulaca*)
Reukerwt (*Lathyrus*)
Ridderspoor (*Delphinium elatum*)
Roos (*Rosa*)
Salie (*Salvia*)
Santolina (*Santolina*)
Sierasperge (*Asparagus*)
Siernetel (*Coleus blumei*)
Sierui (*Allium*)
Strobloem (*Helichrysum*)
Tijm (*Thymus*)
Venidio (x *Venidio-arctotis*)
Vetkruid (*Sedum*)
Violier (*Mathiola*)
Viooltje (*Viola*)
Wandelende Jood (*Tradescantia*)
Waterlelie (*Nymphaea*)
Wijnruit (*Ruta graveolens*)
Wolfsmelk (*Euphorbia*)
Yucca (*Yucca*)
Zeeschildzaad (*Lobularia maritima*)
Zinnia (*Zinnia*)
Zonneroosje (*Cistus*)
Zonnewende (*Heliotropium*)

Herfst

Ceratostigma (*Ceratostigma*)
Chrysant (*Chrysanthemum*)
Dahlia (*Dahlia*)
Gladiool (*Gladiolus*)
Hebe (*Hebe*)
Houttuynia (*Houttuynia*)
Nerine (*Nerine bowdenii*)
Oostindische kers (*Tropaeolum majus*)
Pernettya (*Pernettya mucronata*)
Schizostylis (*Schizostylis*)
Struikheide (*Calluna*)
Tomaat (*Solanum lycopersicum*)

Winter

Appeltje-der-liefde (*Solanum capsicastrum*)
Buxus (*Buxus*)
Coniferen
Dopheide (*Erica*)
Kardinaalsmuts (*Euonymus*)
Klimop (*Hedera helix*)
Krokus (*Crocus*)
Peperboompje (*Daphne mezereum*)
Rozemarijn (*Rosmarinus*)
Sierkool (*Brassica oleracea*)
Sleutelbloem (*Primula hybriden*)
Strobloem (*Helichrysum*)
Viooltje (*Viola*)
Winterakoniet (*Eranthis hyemalis*)
Winteriris (*Iris unguicularis*)

De meeste aanbevolen winterplanten zijn groenblijvend en dus het hele jaar door interessant.

Petunia
(*Petunia* Ruffles Series)

Afrikaanse lelie
(*Agapanthus campanulatus*)

Roos
(*Rosa* 'The Fairy')

Maranta
(*Maranta leuconeura*)

PLAATSEN MET HALFSCHADUW

Een tuin in halfschaduw krijgt het beste van alle werelden: hij heeft niet te lijden van de zon die hele dag staat te branden en ook niet van de deprimerende sfeer van een tuin die zich altijd in de schaduw bevindt. Planten houden van halfschaduw. Ze krijgen dan voldoende zon om goed te kunnen groeien en voldoende schaduw zodat ze niet verbranden.

— Een ideale zitgelegenheid —

In de meeste tuinen zijn wel plekjes met halfschaduw. Een vrijstaand huis heeft zeker twee muren die zich slechts een gedeelte van de dag in de zon bevinden. Als u uw tuin ontwerpt en u zoekt een plekje voor een zitje dicht bij het huis, situeer het dan in de halfschaduw. U kunt uw stoel altijd meenemen naar het gazon als u in de zon wilt zitten. Kies voor uw zitje een plek met ochtendzon, want het ontbijt is de enige maaltijd die op een zonnige plek kan worden genoten. Tijdens het middageten is de zon vaak te sterk. Als uw zitje in de volle zon staat, kunt u er een boom naast planten zodat u een deel van de dag in de schaduw zit.

Enkele van mijn gelukkigste momenten heb ik 's morgens doorgebracht, aan een ontbijt van eigengebakken brood en jam met koffie, in de schaduw van een appelboom tussen bloempotten met lavendel, rozemarijn en citroenkruid.

—— Voordelen van de stad ——

In de stad zijn er altijd wel gebouwen die een deel van de dag hun schaduw over uw tuintje of dakterras werpen.

U kunt er door het aanplanten van groenblijvende heesters in grote kuipen echter meestal wel voor zorgen dat er het hele jaar door wat groen in de buurt is.

Temperaturen in de stad zijn meestal iets hoger dan op het platteland, zodat u wat potplanten betreft meer keus heeft. Door de zon opgewarmde muren houden hun warmte urenlang vast, zodat zelfs in de winter de muren beduidend warmer zijn dan de directe omgeving. U kunt hier gebruik van maken door tegen de muur iets gevoeliger planten te zetten.

Een wilde tuin
Een bolvormige terracotta pot (BOVEN), gevuld met een mengsel van viooltjes, campanula, ooievaarsbek en varens.

Bloemenmanden
Op een door de zon verwarmde stenen bank staan manden met viooltjes, akelei, campanula's, en een kleine als hoogstam gesnoeide buxus heerlijk in de schaduw (LINKS).

—— Pastelkleuren ——

U kunt een terras in de halfschaduw op allerlei manieren inrichten met kuipen, gevuld met groene planten en kleurige bloemen. Zorg dat er altijd wat planten zijn met geurende bladeren of bloemen. Ze strelen onze zintuigen en zorgen voor een speciale atmosfeer in de tuin.

Terwijl groen meestal overheerst in de schaduw en op zonnige plekken felgekleurde bloemen goed uitkomen, houd ik in de halfschaduw erg van pastelkleurige bloemen. Ik vind ze prachtig op een plek die niet te donker of te licht is. Lentebollen, bloeiende struiken, vaste planten en in de zomer bloeiende eenjarigen of tweejarigen bieden een ruime keus aan pasteltinten. Pastelkleuren kunnen door elkaar heen worden geplaatst en zo een glorieuze combinatie vormen of in een meer gereserveerd palet worden toegepast in een kalmerend arrangement.

EEN STADSPATIO

Deze patio bevindt zich midden in de stad en krijgt door de omliggende bebouwing maar een paar uur per dag zon. Wat in eerste instantie een nadeel lijkt, kan voordelig blijken. De patio ligt beschut en daarom kunnen vorstgevoelige planten als aspidistra hier het hele jaar buiten blijven. Omdat de patio van het huis uit is te zien, heb ik enkele groenblijvende planten gebruikt waar ik al naar het seizoen wat kleur aan toevoeg. Hier ziet u het terras in de vroege zomer terwijl de hosta net nieuwe bladeren heeft. De geurige muurbloemen zijn bijna uitgebloeid maar de zomereenjarigen komen er al aan. Tegen een achtergrond van koel groen zullen de vlijtige liesjes, fuchsia's, begonia's en viooltjes in de zomer en herfst voor voldoende kleur zorgen.

Muurbloem (*Cheiranthus cheiri*)
Deze populaire geel, rood en roze gekleurde tweejarigen hebben een heerlijke geur.

Hosta (*Hosta sieboldiana* 'Frances Williams')
De schitterende bladeren met een gouden rand fleuren het donkere hoekje naast de trap op.

Aspidistra (*Aspidistra elatior*)
In het wild worden de bloemen, aan de basis van het blad, bevrucht door slakken.

Rododendron (*Rhododendron* 'Grumpy')
Deze indrukwekkende zuurminnende plant bloeit aan het eind van de lente, maar kan ook in de herfst enkele bloemen hebben.

Vlijtig liesje (*Impatiens walleriana* 'Tangeglow')
De oranje bloemen hebben lange sporen.

Viooltje (*Viola* x *wittrockiana*)
De donkerrode bloemen contrasteren mooi met het lichtgroene bankje.

Plantverzorging

Potplanten in halfschaduw vragen meer aandacht dan in de zon. Houd de potgrond vochtig maar niet nat, verwijder dode bladeren en bloemen en geef gedurende het groeiseizoen mest.

Begonia (*Begonia* x *tuberhybrida*)
Geteeld als eenjarige bloeit hij de hele zomer en herfst. Geef veel water en eens in de week mest.

Fuchsia (*Fuchsia* 'Autumnale')
Een variëteit die, in de zomer en herfst, schitterende bonte bladeren combineert met lichtroze bloemen.

Hulstvaren (*Phanerophlebia falcata*)
Een vorstgevoelige varen die het best geplant kan worden in een potgrond met veel turfmolm.

Phormium (*Phormium tenax* 'Variegatum')
Een decoratieve groenblijvende plant die graag in de zon staat.

Vlijtig liesje
(*Impatiens walleriana*)
Als u genoeg water geeft en een maal per week mest bloeit hij de hele zomer en herfst.

Klimop (*Hedera helix* 'Eva')
Groeit over de rand van de pot. Houdt van schaduw en blijft jarenlang leven.

Mannetjesvaren
(*Dryopteris filix-mas*)
Deze varen heeft bladeren van wel een meter lang.

Yucca (*Yucca gloriosa*)
Een winterharde plant die jarenlang in een pot kan leven.

COMBINATIES IN DE HALFSCHADUW

U heeft voor plaatsen met halfschaduw de keus uit zeer veel planten, omdat bijna alle planten die als zon- of schaduwplanten te boek staan in de halfschaduw gedijen. Beperkingen treden pas op als u gaat combineren. Planten in een kuip dienen een voorkeur voor hetzelfde grondtype te hebben. Veel planten groeien alleen in zure of alleen in basische grond. De hoeveelheid water is minder een probleem omdat de meeste planten een vochtige en niet te natte grond wensen.

—— Zure of basische grond ——

Een interessante beplanting voor een kuip met basische grond bestaat uit choisya – òf de goudbladige variëteit 'Sundance' òf de fijnbladige 'Aztec Pearl' – met fuchsia's en klimop. Choisya is een groenblijvende struik die behoorlijk groot kan worden en daarom een kuip nodig heeft met een diameter van minstens 50 cm. Als uw tuin niet te koud is, moet u winterharde fuchsia's, bijvoorbeeld de 'Mrs Popple'-variëteit, als permanente kuipbeplanting gebruiken.
Rododendrons, azalea's en camellia's prevereren een zuur grondmengsel en zijn uitstekende kuipplanten voor halfschaduw. Rododendrons en azalea's kunnen behoorlijk groot worden zodat er weinig ruimte overblijft voor andere planten, behalve misschien wat voorjaarsbollen of klimop langs de rand. Deze drie zuurminnende struiken bloeien aan het eind van de lente en in de vroege zomer, maar door hun glanzende bladeren vormen ze het hele jaar door een groenblijvende achtergrond. Camellia's hebben de mooiste bladeren maar zijn het minst winterhard van de drie.

'Thalia'-fuchsia's
Een oude, loden waterbak is een heel bijzondere bloembak voor deze kleinbloemige fuchsia's (*Fuchsia* 'Thalia') met donkere bladeren en donkeroranje bloemen (LINKS). De planten groeien snel in halfschaduw, als ze maar voldoende water en eenmaal per week mest krijgen. Ze bloeien iets later dan de meeste andere fuchsia's, maar gaan daarmee wel door tot de eerste vorst.

Een groenblijvend gordijn
Voor een gordijn van groenblijvende struiken (RECHTS) staan potten en kuipen met pastelkleurige vlijtige liesjes (*Impatiens walleriana*) en begonia's (*Begonia* x *tuberhybrida*), gemengd met venushaar (*Adiantum capillus-veneris*) en bontbladige klimop (*Hedera helix* 'Dealbata'). De planten groeien verbazend goed in de halfschaduw op dit terras in een stadstuin.

Planten voor de halfschaduw

Als u bepaald heeft hoe beschaduwd uw tuin is, zult u verder weinig problemen hebben om geschikte planten te vinden. Als het licht altijd helder is en de zon de helft van de dag in uw tuin schijnt, zullen de meeste struiken, vaste planten en eenjarigen goed gedijen. Als er meer schaduw is met slechts korte perioden van getemperd zonlicht, zult u meer succes hebben met bosplanten als helleborus, hydrangea, lelie, rododendron, azalea en camellia.

Fuchsia
(*Fuchsia* 'Pink Galore')

Gebroken hartje
(*Dicentra spectabilis*)

Winter

Appeltje-der-liefde (*Solanum capsicastrum*)
Aucuba (*Aucuba*)
Bamboesoorten
Bergenia (*Bergenia*)
Buxus (*Buxus*)
Choisya (*Choisya*)
Coniferen
Fatsia (*Fatsia*)
Gaultheria (*Gaultheria*)
Kardinaalsmuts (*Euonymus*)
Kerstroos (*Helleborus niger*)
Klimop (*Hedera helix*)
Leucothoë (*Leucothoe*)
Maagdenpalm (*Vinca*)
Skimmia (*Skimmia*)
Sneeuwbal (*Viburnum tinus*)
Viooltje (*Viola*)

De meeste voor de winter aanbevolen planten zijn groenblijvend en daarom het hele jaar door interessant.

Lente

Anemoon (*Anemone*)
Azalea/Rododendron (*Rhododendron*)
Bereoor (*Primula auricula*)
Blauw druifje (*Muscari*)
Boterbloem (*Ranunculus asiaticus*)
Camellia (*Camellia*)
Echte Sleutelbloem (*Primula veris*)
Helleborus (*Helleborus*)
Hyacint (*Hyacinthus orientalis*)
Keizerskroon (*Fritillaria imperialis*)
Kievitsbloem (*Fritillaria meleagris*)
Lelietje-der-dalen (*Convallaria majalis*)
Maagdenpalm (*Vinca*)
Narcis (*Narcissus*)
Pieris (*Pieris*)
Salomonszegel (*Polygonatum* x *hybridum*)
Scilla (*Scilla*)
Sleutelbloem (*Primula*-hybriden)
Trompetnarcis (*Narcissus*)
Tulp (*Tulipa*)
Vergeet-me-nietje (*Myosotis*)
Viooltje (*Viola*)
Wildemanskruid (*Pulsatilla vulgaris*)

Roos
(*Rosa* 'New Dawn')

Akelei
(*Aquilegia vulgaris* 'Nora Barlow')

Vlijtig liesje
(*Impatiens* New Guinea-hybride)

Aronskelk
(*Zantedeschia*
hybride)

Astrantia
(*Astrantia major*)

Choisya
(*Choisya ternata*)

Zomer

Akelei (*Aquilegia*)
Aronskelk (*Zantedeschia*)
Astilbe (*Astilbe*)
Astrantia (*Astrantia*)
Begonia (*Begonia*)
Boterbloem (*Ranunculus asiaticus*)
Campanula (*Campanula*)
Druifkruid (*Scabiosa*)
Ficus pumila (*Ficus pumila*)
Fuchsia (*Fuchsia*)
Ganzerik (*Potentilla*)
Gebroken hartje (*Dicentra*)
Geranium (*Pelargonium*)
Hosta (*Hosta*)
Japanse esdoorn (*Acer palmatum*)
Kindje-op-moeders-schoot (*Tolmiea menziesii*)
Lelie (*Lilium*)
Lewisia (*Lewisia*)
Lobelia (*Lobelia*)
Maskerbloem (*Mimulus*)
Plectranthus (*Plectranthus*)
Purperklokje (*Heuchera*)
Roos (*Rosa*)
Sierasperge (*Asparagus*)
Siernetel (*Coleus blumei*)
Tabaksplant (*Nicotiana*)
Viooltje (*Viola*)
Vlijtig liesje (*Impatiens*)
Wandelende Jood (*Tradescantia*)
Wederik (*Lysimachia*)
Wijnruit (*Ruta graveolens*)
Yucca (*Yucca*)
Zeeschildzaad (*Lobularia maritima*)

Herfst

Chrysant (*Chrysanthemum*)
Cyclaam (*Cyclamen*)
Duizendknoop (*Polygonum*)
Dwergmispel (*Cotoneaster*)
Herfstaster (*Aster*)
Hortensia (*Hydrangea*)
Houttuynia (*Houttuynia*)
Japanse esdoorn (*Acer palmatum*)
Pernettya (*Pernettya*)
Struikheide (*Calluna*)

Helleborus
(*Helleborus* x *sternii*)

Lelie
(*Lilium* 'La Reve')

Tabaksplant
(*Nicotiana alata*
Sensation Series)

Viooltje
(*Viola* x *wittrockiana*)

Astilbe
(*Astilbe* x
arendsii)

PLAATSEN IN DE SCHADUW

Beschaduwde plaatsen zijn de moeilijkste om planten op te kweken. Sommige planten zijn schaduwminners, maar de keus is beperkt. Er bestaan verschillende soorten schaduw. Het meest problematisch is de diepe schaduw onder bomen. Schaduw van gebouwen kan vervelend zijn, maar als er genoeg licht wordt gereflecteerd, kunnen veel planten het toch goed doen.

Hangende kleuren
Hangmanden met fuchsia's (BOVEN), hangen aan de takken van een bladverliezende boom en gedijen in zijn lichte schaduw.

Sereen groen
Een beschaduwd terras (LINKS) met potten met varens, sierasperge, bontbladige fuchsia, tabaksplanten, klimop en hosta's. Zelfs de laurierboom groeit in een kuip.

Gradaties van schaduw

Op plekken met een diepe schaduw, bijvoorbeeld een doorgang tussen twee huizen, valt weinig licht en dit kan een probleem vormen. Als de planten te weinig licht krijgen worden ze slap en stakerig. Bovendien worden ze gevoeliger voor ziekten, plagen en schimmelinfecties. Door de muren in een lichte kleur te schilderen kan de hoeveelheid gereflecteerd licht aanzienlijk worden vermeerderd.

Verschillende bladplanten doen het redelijk goed in diepe schaduw. Groenblijvende schaduwplanten zijn onder andere: bergenia, buxus, gaultheria, hulst, kamperfoelie, klimop, maagdenpalm, mahoniestruik, olijfwilg, osmanthus, pachysandra, pieris, sarcococca, skimmia, taxus, vingerplant en varen. Een aantal varens zijn groenblijvend of half-groenblijvend en houden hun bladeren gedurende de winter vast. Begonia's en vlijtige liesjes zijn geschikte zomerbloeiers. Tabaksplanten en fuchsia's zijn minder geschikt voor diepe schaduw.

Op plaatsen waar de schaduw niet zo diep is, bijvoorbeeld onder een boom met fijn blad of op een lichte plek waar alleen huizen wat schaduw geven, is de keus veel groter. Niet alleen de planten die geschikt zijn voor diepe schaduw, maar ook de meeste voorjaarsbollen, struiken, bloeiende meerjarigen en eenjarigen, zoals campanula's, lobelia's, ooievaarsbekken en viooltjes, kunnen daar geteeld worden. Van de struiken zullen aucuba, camelia, choisya, hortensia, laurierkers, en sneeuwbal goed gedijen in lichte schaduw.

Aandacht voor bladeren

Omdat slechts weinig bloeiende planten geschikt zijn als potplant in de schaduw, kunt u zich beter concentreren op bladplanten en al naar gelang het seizoen wat kleur toevoegen.

Gouden olijfwilg, kardinaalsmuts en choisya kunnen een donkere plek prachtig opfleuren. Jammer genoeg doen planten met zilverkleurige bladeren het niet zo goed zonder voldoende zon.

Er zijn ook planten met grote of gekleurde bladeren zoals vingerplant en bamboe en de bronsbladerige heuchera 'Palace Purple'. Varens doen het uitstekend als u wat humus aan de potgrond toevoegt. Sommige, zoals naaldvaren, dubbelloof en tongvaren zijn zowel groenblijvend als winterhard. Hulstvaren, boomvaren, venushaar, hertshoornvaren, woodwardia en de zilverbladige phlebodium kunnen in gematigde klimaten uitstekend in potten worden geteeld. Aspidistra doet het ook uitstekend in diepe schaduw, als het op die plaats maar niet te hard vriest.

Ik ben iedere keer weer verrast wat er wil groeien in het beschaduwde deel van mijn tuin in Londen. Aspidistra, clivia, New Zealand-varens, een Chusan-palm en zelfs een bladstengelcactus hebben het buiten jarenlang uitgehouden. Ik heb foto's van de cactus in volle bloei terwijl hij in de winter gedeeltelijk door sneeuw was bedekt. Wees dus niet ongelukkig met uw beschaduwde plaatsje: er zijn genoeg prachtige planten die er willen bloeien.

BESCHADUWD ZITJE

Dit plaatsje, dat zich net naast de keuken bevindt, is gedurende de warme zomermaanden een heerlijke plaats om te eten. Ik vind dat de beste plek om te eten in de schaduw is. Niets is erger dan in de verzengende zon te dineren met gesmolten boter, verwelkte sla en zwetende kaas op tafel.

Dit terras is geplaveid met rode baksteen en wordt beschut door een weelderige, u-vormige taxushaag van 2,70 m hoogte. De enige permanente beplanting bestaat uit zes potten met buxus die in allerlei vormen zijn gesnoeid en rechthoekige borders, dit jaar beplant met witte vlijtige liesjes, omrand door buxushaagjes. In de winter is het een koele groene plaats terwijl het in de zomer met enkele grote potten met bloeiende planten een totaal andere sfeer heeft.

De kleur van de bestrating gaf aanleiding tot het planten van de rode, helderroze en bleekroze bloemen. De gele bloemen waren een geluk bij een ongeluk – ze hadden bleekroze moeten zijn!

Buxus (*Buxus sempervirens*)
Een sterke struik die op bijna iedere plek gedijt en in interessante vormen kan worden gesnoeid.

Knolbegonia
(*Begonia* x *tuberhybrida*)
Kijk uit voor meeldauw.

Terracotta potten
Allerlei grote, ronde en hoekige, handgemaakte terracotta potten, variërend in diameter van 45-55 cm.

Tabaksplant
(*Nicotiana* 'Pink Bedder')
Snoei na de eerste bloei 15 cm terug zodat er meer zijscheuten en bloemen gevormd worden.

Hangende knolbegonia
(*Begonia* x *tuberhybrida pendula*)
Geeft de hele zomer, tot aan de eerste vorst een waterval van kleur.

Plantverzorging

Hoewel planten in de schaduw minder water nodig hebben dan in de zon, moet de potgrond wel vochtig zijn. Geef ook iedere week vloeibare mest. Het bos is de natuurlijke groeiplaats van de meeste schaduwminners en daarom kunnen ze over het algemeen het beste geplant worden in een vruchtbaar grondmengsel. Omdat planten in de schaduw niet zo gezond zijn als andere planten zijn ze gevoeliger voor ziekten en plagen.

Fuchsia (*Fuchsia* 'Thalia')
Een snelgroeiende, bladverliezende, niet-hangende variëteit met lange, slanke, donkeroranje bloemen, die geaccentueerd worden door de bronsgroene bladeren.

COMBINATIES IN DE SCHADUW

In een schaduwrijke tuin is groen de overheersende kleur. Deze kleur – koel maar gastvrij – past precies bij plekken waar geen zon komt. Er zijn genoeg struiken die uitstekend groeien in de schaduw al moet u, als u een keus maakt, wel met de hoeveelheid schaduw rekening houden. Er groeien bijna geen planten in zeer diepe schaduw, maar een gemiddelde schaduw hoeft geen probleem te zijn. Geschikt voor schaduw zijn groenblijvende buxus, taxus en Canadese den, die bovendien in allerlei vormen kunnen worden gesnoeid. Andere groenblijvers als aucuba, bamboe, choisya, hulst, liguster en de mahoniestruik zullen goed groeien in grote kuipen. Op een beschaduwde plek waar veel indirecte lichtval is, zullen rododendron en camellia prachtige bloemen produceren. De meeste van deze struiken kunnen het best alleen in een bak worden geplant, omringd door hangplanten als kleinbladige klimop en maagdenpalm.

Baden in kleur

Tegen een groene achtergrond kunt u fleurige bloempotten plaatsen. Knolbegonia, vlijtig liesje, fuchsia en tabaksplant zijn goed te combineren en hun kleuren komen schitterend uit tegen een groene achtergrond. Ik vind dat twee of drie hangbegonia's het beste uitkomen in een lage pot aan het eind van een lage muur. Voor lentekleuren moet u op een beschaduwde plek bollen planten. Ze zullen in potten zeker een seizoen lang bloeien. In de winter doen potten met buxus, kardinaalsmuts en klimop het goed in de schaduw. Als uw tuin niet te koud is kunt u ook winterkers met zijn oranjerode vruchten, samen met groenblijvende skimmia of leucothoë proberen te planten.

Kamerplanten
Een groenblijvende beplanting voor een beschaduwde deuropening (BOVEN), bestaat hoofdzakelijk uit traditionele kamerplanten. In de zomer kunnen sprietenplant (*Chlorophytum comosum*), kindje-op-moeders-schoot (*Tolmiea menziesii*) en het gras *Pogonatherum paniceum* uitstekend buiten staan.

Plantenstandaard
Een smeedijzeren plantenstandaard met schaduwminnend venushaar (*Adiantum veneris*), vlijtig liesje (*Impatiens*), *Ficus pumila* en begonia's (*Begonia* 'Elatior-hybriden'). Asters houden van halfschaduw, maar als ze eenmaal knoppen hebben gevormd kunnen ze ook in de schaduw staan.

SCHADUWMINNENDE PLANTEN

Zeer veel schaduwminnende groenblijvende struiken en vaste planten zijn goede kuipplanten. Hun mooiste bezit is hun blad die ze in allerlei kleuren en vormen bezitten en die ons, vooral in de winter als de bladverliezende planten kaal zijn, van pas komen. Maar u hoeft u in de schaduw niet tot bladplanten te beperken. In de lente groeien bollen goed in lichte schaduw. Andere mogelijkheden zijn lelietje-der-dalen, viooltje en sleutelbloem.
's Zomers komen allerlei schitterend gekleurde planten – begonia's, fuchsia's, tabaksplanten en vlijtige liesjes – in lichte schaduw het best tot hun recht. Al deze planten staan prachtig naast varens en hosta's. In de zomer doen ook de meeste kamerplanten het goed in de lichte schaduw buiten.

Kamperfoelie
(*Lonicera japonica* 'Halliana')

Begonia
(*Begonia* x *tuberhybrida*)

Koningsvaren
(*Osmunda regalis*)

Winter

Aucuba (*Aucuba*)
Bamboe-soorten
Bergenia (*Bergenia*)
Buxus (*Buxus*)
Coniferen
Gaultheria (*Gaultheria*)
Groenblijvende varens
Kerstroos (*Helleborus niger*)
Klimop (*Hedera helix*)
Leucothoë (*Leucothoe*)
Mahoniestruik (*Mahonia*)
Pachysandra (*Pachysandra*)
Skimmia (*Skimmia*)
Vingerplant (*Fatsia*)
Viooltje (*Viola*)

De meeste voor de winter aanbevolen planten zijn wintergroen en daarom het hele jaar door interessant.

Lente

Azalea/Rododendron (*Rhododendron*)
Bergenia (*Bergenia*)
Camellia (*Camellia*)
Helleborus (*Helleborus*)
Hondstand (*Erythronium*)
Kievitsbloem (*Fritillaria meleagris*)
Lelietje-der-dalen (*Convallaria majalis*)
Maagdenpalm (*Vinca*)
Narcis (*Narcissus*)
Pieris (*Pieris*)
Salomonszegel (*Polygonatum* x *hybridum*)
Sleutelbloem (*Primula*)
Tulp (*Tulipa*)
Viooltje (*Viola*)

Hosta
(*Hosta sieboldiana*)

Rododendron
(*Rhododendron* 'Nobleanum')

Begonia
(*Begonia* x *tuberhybrida*)

Zomer

Begonia (*Begonia*)
Campanula (*Campanula*)
Ficus pumila (*Ficus pumila*)
Fuchsia (*Fuchsia*)
Hosta (*Hosta*)
Jasmijn (*Jasminum*)
Kamperfoelie (*Lonicera*)
Kindje-op-moeders-schoot (*Tolmiea menziesii*)
Maskerbloem (*Mimulus*)
Philodendron (*Philodendron*)
Tabaksplant (*Nicotiana*)
Varens
Viooltje (*Viola*)
Vlijtig liesje (*Impatiens*)

Herfst

Begonia (*Begonia*)
Cyclaam (*Cyclamen*)
Esdoorn (*Acer*)
Fuchsia (*Fuchsia*)
Hertshooi (*Hypericum*)
Hortensia (*Hydrangea*)
Japanse anemoon (*Anemone* x *hybrida*)
Kirengeshoma (*Kirengeshoma palmata*)
Olijfwilg (*Elaeagnus ebbingei*)
Pyracantha (*Pyracantha*)

Onbeschutte plaatsen

Een onbeschutte tuin is onderhevig aan allerlei extreme weersomstandigheden als harde wind, verzengende hitte en felle koude. Dakterrassen worden vaak geteisterd door zowel zon als wind en zijn daarom uitstekende voorbeelden van onbeschutte plaatsen, evenals tuinen op onbeschutte hellingen, open vlakten of aan winderige straten.

Het kweken van planten onder dergelijke omstandigheden is niet makkelijk. Potplanten kunnen door een combinatie van wind, zon en extreme koude zeer snel uitdrogen en zelfs als ze voldoende water krijgen kunnen de bladeren verdrogen door de wind. Het helpt om de planten in diepe potten te plaatsen. Hoe ondieper de pot des te sneller zal de grond verdrogen. Als u kleine potjes gebruikt moet u niet-poreus materiaal als plastic of fiberglas nemen omdat die het vocht beter vasthouden.

Uitzicht
Om dit schitterende uitzicht over de rivier (BOVEN) te behouden, is de beplanting met zonale geraniums, afrikaantjes, klimop en siernetel laaggehouden.

Bollen op een balkon
Voorjaarsbollen, viooltjes, buxus en klimop (LINKS) zijn een goede keus om wat kleur te op een door de wind geteisterd balkon te brengen.

—— Beschutting ——

Het is verstandig om van iedere beschikbare beschutting gebruik te maken. Plaats uw kuipen tegen muren, ballustrades, schuttingen, of aan de zijkant van een balkon, omdat ze dan minder in de wind staan, en beschermd zijn tegen felle zon of regen.

Veel grootbladige planten, struiken of bomen zoals bamboe met zijn soepele stammen (ZIE DE PAGINA'S 132-3) zijn goed tegen zon en wind bestand en kunnen worden gebruikt om gevoeliger planten te beschutten. Als u de grotere soorten op een dakterras of balkon wilt zetten, moet u er zeker van zijn dat de constructie stevig genoeg is. Onderschat het gewicht van met grond gevulde kuipen niet, zeker niet nadat ze veel water hebben gekregen.

—— Moeilijke keus ——

Als u een onbeschutte tuin heeft, is het belangrijk om sterke planten voor uw potten en kuipen te kiezen.

Planten met lange stengels houden niet van harde wind of regen. Als u kuipen op een winderige plek wilt zetten, bijvoorbeeld een tochtige hoek tussen hoge gebouwen of een plaats met harde zeewind, kies dan planten met sterke of buigzame stengels of met een gedrongen groei.

U moet bedenken dat laagblijvende planten òf geen last hebben van de wind òf sterk genoeg zijn om de wind te kunnen weerstaan. Zet ze in een gootsteenbak of lage trog (ZIE DE PAGINA'S 90-1). Hoewel rotsplanten in de zomer goed tegen de zon en wind bestand zijn, hebben ze in de winter een hekel aan de combinatie van koude wind en vocht. U moet ze dan bijvoorbeeld met een houten constructie en een glasplaat wat beschutting geven.

—— Seizoenskleuren ——

Alle populaire voorjaarsbollen, vooral de laagblijvende soorten, bloeien op onbeschutte plaatsen. Als u bollen plant op een winderige plek moet u ze steunen zodat de bladeren en de bloemsteel niet afbreken in de harde wind. Na de bloei en als de kans op vorst minimaal is, kunt u ze vervangen door zomerbloeiende eenjarigen, waarvan er velen goed tegen de zon bestand zijn in een jaargetijde dat de wind meestal niet zo'n probleem is.

DAKTUIN MET BOMEN

Aangezien ze geteisterd worden door zon en wind, zijn daktuinen goede voorbeelden van onbeschutte tuinen. Het zijn niet de beste plekken om planten te op te kweken. Een dakterras kan een nuttige extra kamer zijn, met de lucht als plafond, waarin u wat groen zet en u heerlijk rustig kunt zitten.

Gewichtsproblemen

Door grootte en stevigheid van dit dakterras heeft men kans gezien om hier allerlei bomen in potten te planten. De eigenaars hebben vooraf overlegd met een architect hoeveel gewicht het dak kon dragen, omdat grote kuipen, vooral als de grond vochtig is, zeer zwaar kunnen zijn. Het is het beter om zware kuipen in de buurt van steunmuren te plaatsen, dan om ze op plaatsen te zetten waar het dak niet wordt ondersteund.

Bomen in potten

Als ze voldoende mest en water krijgen kunnen bomen en grote struiken uitstekend geteeld worden in grote potten, zelfs op onbeschutte plaatsen. Over het algemeen kan een boom met een hoogte van 3,50 m worden geplant in een pot met een diameter van 1 m, al is het verstandig om op onbeschutte plaatsen soorten te kiezen die niet hoger worden dan 3 m. Door de harde wind zouden ze omvergeblazen kunnen worden.
Het is verstandig om niet zulke snelle groeiers als eucalyptus en ailanthus te nemen, omdat die snel uit hun kuipen groeien. Coniferen zijn geschikt als u ze voldoende water geeft. Een korte periode van droogte is voldoende om ze te doen afsterven. Pijnboom en jeneverbes zijn voor onbeschutte plaatsen de beste keus, omdat de naalden van andere coniferen onder invloed van de wind bruin worden.

Valse christusdoorn (*Gleditsia triacanthos* 'Sunburst')
Geteeld om zijn bladeren, die de hele zomer hun gouden kleur behouden.

Cordyline (*Cordyline australis*)
Een naaldboom met een indrukwekkende vorm.

Bergden (*Pinus mugo*)
Een zeer sterke naaldboom die in een mooie vorm groeit.

Laurier (*Laurus nobilis*)
Deze soort is niet bestand tegen vorst.

Plantverzorging

Potplanten op een onbeschutte plaats moeten veel water hebben, omdat ze door zon en wind snel uitdrogen. Zelfs in de winter, behalve als het vriest. Besproei de bladeren van pasgeplante exemplaren regelmatig, maar doe dit niet in de zon. Na het eerste jaar kunt u wat minder water geven.

Witte spar (*Picea glauca albertiana* 'Conica')
Vormt een perfecte pyramide van lichtgroene naalden.

Bonte vederesdoorn (*Acer negundo variegata*)
Onderscheidt zich door zijn roze met groen gestreepte bladeren.

Heilige bamboe (*Nandina domestica*)
Een soort die in de zon maar uit in de wind moet staan.

Zwarte bamboe (*Phyllostachys nigra*)
Een winterharde variëteit met mooie groenblijvende bladeren. De stam wordt in het tweede jaar zwart.

Jeneverbes (*Juniperus sabina* 'Tamariscifolia')
Een sterke conifeer met een lage, gespreide groeivorm.

Phormium (*Phormium cookianum* 'Variegatum')
Geteeld om zijn decoratieve, gestreepte, groenblijvende bladeren.

COMBINATIES VOOR ONBESCHUTTE PLAATSEN

In tuinen die zijn blootgesteld aan harde wind, felle zon en kou, zullen alleen bepaalde plantensoorten goed groeien. Het is verstandig om laagblijvende soorten te kiezen omdat die het minste last van de wind zullen hebben. Baseer een permanente beplanting op struiken met stevige stammen, zoals dwergmispel, breedgroeiende coniferen, olijfwilg, kardinaalsmuts en ganzerik. Hieraan kunt u in de zomer kleurige eenjarigen toevoegen als zonale geraniums, leeuwebekken, afrikaantjes, Oostindische kers en ijzerhard. Deze planten zijn goed bestand tegen wind en gedijen in de zon, als ze tenminste voldoende water krijgen. Dit betekent dat u ze bij warm weer op een dakterras wel twee of driemaal per dag water moet geven.
Als uw tuin koud en onbeschut is, kunt u bij uw buren zien welke planten winterhard zijn. Doe dit voordat u zelf groenblijvende planten aanschaft. De meeste voorjaarsbollen zijn redelijk sterk en staan mooi rondom struiken. Plant eenjarigen pas als er geen kans meer is op vorst.

Droogte-resistentie
Rotsplanten en succulenten hebben geen last van felle zon of harde wind, maar ze houden niet van waterkou. Vele hebben groenblijvend blad en blijven het hele jaar decoratief. In een lage schaal (LINKS) groeit vetkruid (*Sedum obtusatum*). De ruwstenen piedestal staat midden tussen de lavendel (*Lavandula angustifolia*). Laagblijvende lavendel bloeit wekenlang en is ideaal voor onbeschutte tuinen.

Voor zon en wind
Laagblijvende en kruipende planten (RECHTS) – strobloem, lobelia, ageratum, duifkruid, klokjesbloem en maskerbloem – kunnen goed tegen felle zon. Ze hebben veel water nodig, maar hebben niet zoveel aandacht nodig als andere meer gevoelige en langere planten. Houd in gedachten dat planten die op rotsige heuvels in het Middellandse-Zeegebied groeien, geschikt zijn voor zonnige, onbeschutte plaatsen.

PLANTEN VOOR ONBESCHUTTE PLAATSEN

Zonale geranium
(*Pelargonium* 'Rio')

Zonale geranium
(*Pelargonium* 'Yale')

Een onbeschutte tuin is niet de makkelijkste plaats om kuipplanten te telen. Het is een uitdaging om de soorten te vinden die de tuin het grootste deel van het jaar interessant maken. Het zijn er toch vrij veel. U kunt het beste planten gebruiken die in het wild ook op moeilijke plekken groeien. Een groot aantal aromatische planten – vooral die met zilverkleurig blad – succulenten en planten met lange bladeren als cordyline en yucca zijn ook geschikt.

Tuindahlia
(*Dahlia* 'Fascination')

Muurbloem
(*Cheiranthus*
'Rufus')

WINTER

Bijvoet (*Artemisia*) WZ
Bosbes (*Vaccinium*) WK
Buxus (*Buxus*) WZD
Cipres (*Cupressus arizonica* en *C. macrocarpa*) WZ
Dwergmispel (*Cotoneaster*) WZK
Gaspeldoorn (*Ulex*) WZ
Hulst (*Ilex*) WZ
Jeneverbes (*Juniperus*) WZD
Kardinaalsmuts (*Euonymus fortunei*) WKD
Kardinaalsmuts (*Euonymus japonicus*) WD
Laurier (*Laurus*) Z
Laurierbes (*Myrica pensylvanica*) WZK
Lavendel (*Lavandula*) WZ
Olijfwilg (*Elaeagnus*) WZ
Pachysandra (*Pachysandra*) WK
Pieris (*Pieris floribunda*) W
Pinus (*Pinus*) WZK
Rozemarijn (*Rosmarinus*) WZ
Salie (*Salvia officinalis*) WZ

De meeste voor de winter aanbevolen planten zijn groenblijvend en daarom het hele jaar door interessant.

LENTE

Aubretia (*Aubretia*) WZK
Blauw druifje (*Muscari*) WZKD
Gaspeldoorn (*Ulex*) WZ
Hyacint (*Hyacinthus*) WZK
Iris (*Iris*) WZK
Krokus (*Crocus*) WZK
Laagblijvende narcissen (*Narcissus*) WZK
Laagblijvende tulpen (*Tulipa*) WZK
Muurbloem (*Cheiranthus*) WZK
Puschkinia (*Puschkinia*) WZKD
Scheefbloem (*Iberis*) ZD
Scilla (*Scilla*) WZK
Steenbreek (*Saxifraga*) WZ
Viooltje (*Viola*) WZ
Wolfsmelk (*Euphorbia*) WZ
Zenegroen (*Ajuga*) WK

Sleutel

W tolereert wind
Z tolereert zon
K tolereert koude tot -3°C
D tolereert droogte

Amaranthus
(*Amaranthus caudatus*)

Duizendblad
(*Achillea millefolium*)

Oostindische kers
(*Tropaeolum majus* 'Alaska')

Duifkruid (*Scabiosa atropurpurea* 'Cockade')

ZEELAVENDEL (*Limonium sinuatum*)

PHLOMIS (*Phlomis italica*)

KARDINAALSMUTS (*Euonymus fortunei* 'Sunspot')

TULP (*Tulipa* 'Garden Party')

ECHEVERIA (*Echeveria*)

KARDINAALSMUTS (*Euonymus fortunei* 'Silver Queen')

Zomer

Afrikaantje (*Tagetes*) WZ
Agave (*Agave*) WZ
Aloë (*Aloe*) WD
Aster (*Dianthus*) WS
Bergamotplant (*Monarda*) WZ
Cordyline (*Cordyline*) Z
Duifkruid (*Scabiosa*) WZK
Duizendblad (*Achillea*) WZK
Echeveria (*Echeveria*) WZ
Esdoorn (*Acer*) WK
Geranium (*Pelargonium*) WZ
Goudsbloem (*Calendula*) WZ
Huislook (*Sempervivum*) WZK
IJsbloem (*Mesembryanthemum*) WZD
Korenbloem (*Centaurea*) WZ
Leeuwebek (*Antirrhinum*) WZ
Oostindische kers (*Tropaeolum*) WZ
Petunia (*Petunia*) Z
Phlomis (*Phlomis*) WZ
Phormium (*Phormium*) WZ
Portulaca (*Portulaca*) WZ
Valeriaan (*Centranthus*) WZ
Valse christusdoorn (*Gleditsia*) WZD
Yucca (*Yucca*) WZD
Zeelavendel (*Limonium*) WZ

Herfst

Amaranthus (*Amaranthus*) Z
Ceratostigma (*Ceratostigma*) WZ
Chrysant (*Chrysanthemum*) WZ
Dahlia (*Dahlia*) WZ
Fluweelboom (*Rhus*) WZK
Herfsttijloos (*Colchicum*) WZKD
Kafferlelie (*Schizostylis*) WZ
Liriope (*Liriope*) WZD
Nerine (*Nerine bowdenii*) WZ
Pruikeboom (*Cotinus*) WZ
Vetkruid (*Sedum*) WZKD
Vetkruid (*Sedum spectabile*) WZKD
Zonnekruid (*Helenium*) WZK

ASTER (*Dianthus* 'Monica Wyatt')

LEEUWEBEK (*Antirrhinum majus*)

Bijzondere plaatsen

In een tuin kunnen de meeste plekken worden opgefleurd door een plant of een groepje planten in een decoratieve kuip. De enige beperkende factor is vaak het water geven, dat geen korvee moet worden. Geef voorrang aan de plaatsen die u kunt zien of die dicht bij huis zijn. Aan de muren van uw huis kunt u ook allerlei bloempotten hangen, vooral vlak bij deuren en langs paden, zodat u ze makkelijk kunt vinden en verzorgen.

De beste plek

Het zetten of hangen van planten bij deuren is belangrijk. Deze planten hoeven niet groot of duur te zijn. Planten die op een stoepje bij de voordeur staan zorgen voor een warm welkom. Ook elders in de tuin kan een afstapje zonder veel moeite worden opgefleurd door een pot met planten.

Als u in het gelukkige bezit bent van een veranda langs het huis, is dat een ideale plaats om plantenbakken neer te zetten. Gebruik verweerde terracotta, stenen of houten potten of kuipen, die goed passen bij de muur en de vloer van de veranda. Om de vloer te beschermen kunt u schotels onder de potten zetten.

Een warm onthaal
De potten met geraniums en echeveria's (BOVEN) geven dit entree een huiselijk en gastvrij aanzien.

Een strakke compositie
Een hortensia in een rechthoekige bak (LINKS) voor een thujahaag aan het eind van een grindpad, dat is omrand door buxushaagjes, oogt eenvoudig, koel en elegant.

Het onverwachte

Het is een plezierige verrassing om op onverwachte plaatsen bakken met planten tegen te komen. Stel u voor dat u een hoek omgaat en dan een pad zien vol met potten felgekleurde eenjarigen of mooigesnoeide buxusboompjes of door een opening in een haag loopt en dan bij een heerlijk zitje komt aan een vijver, omgeven door potten met blauwe Afrikaanse lelies of plumbago's of dat u een keuken uitloopt en dan plotseling midden tussen een enorm aantal potten met geurige keukenkruiden staat of dat u een plantenbak in het oog krijgt die in de schaduw op een randje van een oude met klimop begroeide bakstenen muur is geplaatst.

Blikvanger

Zoek in uw tuin de speciale plekjes uit, waar een imposante pot of urn als blikvanger geplaatst kan worden. Bijvoorbeeld aan het eind van een lang recht pad tegen een achtergrond van een strakke groenblijvende haag of tegenover de huisdeur of een groot raam dat op een patio of terras uitkijkt. Kuipen zijn evenals beelden belangrijke ornamenten in een tuin en hun beplanting moet goed worden overwogen zodat ze opvallen maar toch goed passen bij de omringende beplanting. Soms is een beplanting met één plant, soort, of variëteit de beste oplossing, vooral als de pot of kuip op zichzelf al heel decoratief is.

Praktische overwegingen

Let erop dat u de potten of kuipen niet te ver van een waterpunt afzet. Anders komt u misschien in de verleiding om de planten maar aan hun lot over te laten, vooral met warm weer als ze verschillende malen per dag water moeten worden begoten. Niets is zo droef als een verwaarloosde pot met planten. Maar er is ook niets zo mooi als een enkele pot, kuip of urn, die op de juiste plek staat en schitterend is beplant.

VERANDA'S EN PERGOLA'S

Veranda's kunnen simpele afdakjes zijn, maar soms ook grote zuilengaanderijen die langs een gehele zijde van een huis lopen. Het zijn goede plekken om planten te neer te zetten die wat beschutting nodig hebben, omdat ze niet tegen koude, wind of vocht kunnen. Als potplanten onder een afdak staan, moet u ze met zorg water geven.
Pergola's bestaan gewoonlijk uit een reeks pilaren van steen of ijzer, waarop balken zijn bevestigd die overgroeid zijn met klimplanten. Ze kunnen vrij staan en bijvoorbeeld een zitje overdekken of een onderdeel vormen van een overdekt pad. Ook worden ze wel aan het huis gebouwd.
Op zich geven pergola's niet zoveel beschutting aan potplanten als veranda's. Het helpt wel om potplanten in de pergola te plaatsen, vooral bij de pilaren waar de klimplanten dun en houtig worden. Sommige geurende planten zijn een must. In het voorjaar kunt u geurende narcissen en hyacinten planten. Probeer in de zomer eens nachtschone of doornappel, een stevige maar niet-winterharde struik, met hangende witte bloemen, die beroemd is om zijn heerlijke avondgeur in zomer en herfst. Plaats ook potten met verschillende lelies, zorgvuldig gekozen om de hele zomer te overbruggen.

Perfecte proporties

Hoogstamboompjes zijn door hun proporties ideaal om tegen de pilaren van een pergola te staan: gebruik in de zomer bloeiende geraniums en fuchsia's en in de winter groenblijvende winterharde soorten. Laurier is een snelgroeiende potplant die gesnoeid kan worden in allerlei miniatuurvormen. Hij is makkelijk te verzorgen, maar niet erg winterhard en hij heeft een afkeer van koude wind.
Als u uw pergola wilt laten overgroeien door klimplanten kunt u ze beter in de volle grond planten dan in potten, omdat ze anders waarschijnlijk niet voldoende zullen groeien.

Grandioze veranda
Een aantal potten (LINKS), beplant met ooievaarsbek, *Geranium palmatum*, verbena, strobloem, zonnewende, salie en agrostemma sieren een oude stenen veranda. Ze geven aan deze schitterende omgeving een natuurlijke en ongedwongen sfeer die uitnodigt om er op een warme en luie zomermiddag lekker een boek te zitten lezen.

Planten voor de pergola
Een moderne pergola, gemaakt van cederhouten balken op bakstenen zuilen. (RECHTS). Deze beschutte pergola is ideaal om kroonfuchsia's en floribunda-geraniums te telen. Om te verhinderen dat het boompje omwaait, moet u het met draad aan de zuilen vastmaken.

Trappen

U kunt traptreden en randen van paadjes verfraaien door er potplanten te plaatsen. Laat wel genoeg ruimte over om te kunnen lopen. Als u aromatische planten teelt is het een genot tegen de bladeren te strijken zodat hun geur vrijkomt. Ik zet altijd een pot met ijzerhard onderaan een trap in mijn tuin: zijn bladeren verspreiden een heerlijke citroengeur, die het verblijf daar tot een waar genoegen maakt. Over het algemeen vind ik dat lage, wijduit groeiende planten op een trap het beste uitkomen: een pot met klimopbladige geranium, hangende lobelia, portulaca of Oostindische kers voldoen uitstekend.

Kies potten die niet gauw omvallen en die goed bij het materiaal van de traptreden passen. Verweerd terracotta past bij natuursteen, baksteen, beton, metaal of hout. Geglazuurde en gekleurde potten passen het best bij tegels van natuursteen en beton. Maar er zijn uiteraard geen vaste regels. Soms zijn de meest gedurfde combinaties de beste.

Geurende trap
Een enkele pot (RECHTS) met tabaksplanten (*Nicotiana alata*) staat comfortabel in de schaduw, in een bocht van een ijzeren wenteltrap, die van het huis naar de tuin leidt. Geplant in de vroege zomer, zullen tabaksplanten de hele zomer bloeien en van de ochtend tot de avond een heerlijk nootmuskaatgeur verspreiden. De trap staat naast het terras en het is altijd heerlijk om op een zomeravond de bloemen te ruiken.

Natuurstenen trap
De groepjes verweerde terracotta potten (ONDER) die aan beide zijden van deze smalle trap staan, vergroten het gevoel van ruimte. Deze zonnige plek is uitermate geschikt voor de klimopbladige en zonale geraniums die in de zomer en herfst bloeien en maar weinig aandacht eisen. De lichtroze bloemen komen prachtig uit tegen de stenen treden en de oude houten deur.

ENTREES

Een entree is dikwijls bepalend voor de indruk die men van uw huis heeft. De planten eromheen, die vaak in potten staan, moeten een gevoel geven van simpele eenvoud en schoonheid, zodat gasten het gevoel krijgen dat alles is zoals het hoort. Een beplanting bij een voordeur moet goed worden overwogen. Zowel potten als planten moet goed bij de omgeving passen. Terracotta en natuursteen – mijn favoriete materialen – zijn een veilige keus. Natuursteen is duur, maar verweerd imitatie-natuursteen ziet er ook redelijk fraai uit.

Koninklijk welkom

Hooggroeiende planten, zoals hoogstammen, passen goed bij een deur. Gesnoeide laurier is favoriet, maar liguster en sommige coniferen (ZIE PAGINA 166) kunnen ook in decoratieve vormen worden gesnoeid. In de zomer zijn kroongeraniums ideaal voor portalen in de zon en fuchsia's zijn geschikt voor halfschaduw of schaduw. Het ziet er statig uit als er aan elke kant van de deur een hoogstamboompje staat. Als er niet voldoende ruimte is, voldoet een enkele kuip natuurlijk ook. Laurier en coniferen nemen alle beschikbare wortelruimte in beslag, zodat er slechts weinig plaats overblijft voor andere planten, maar u kunt er wel nog wat klimop, voorjaarsbollen of eenjarigen bij planten.

Trappen

Op een brede trap kunt u enige potten met groenblijvende planten of met kleurige bloemen zetten. Wanneer er maar weinig ruimte is kan een enkele pot met lavendel op een zonnig plekje heel mooi zijn, in de schaduw zijn fuchsia's of hosta's een betere keus. In ieder geval moeten de potten rijkelijk begroeid zijn.

Uitgang in de schaduw
Een schaduwplekje naast de deur (BOVEN) is ideaal voor eustoma (*Eustoma grandiflorum*), vlijtig liesje (*Impatiens walleriana*), fuchsia (*Fuchsia*), Japanse esdoorn (*Acer palmatum*), varen (*Polystichum setiferum*) en tabaksplant (*Nicotiana alata*).

Verweerde deur
Een simpele beplanting (ONDER) met lichtroze madelief-achtige margrieten (*Argyranthemum* 'Mary Wootton') past goed op dit zonnige plekje naast een verweerde deur. Indien u de uitgebloeide bloemen regelmatig verwijdert, kunnen margrieten verschillende malen bloeien.

Stijl en symmetrie
Een historische entree (RECHTS) is uitstekend geschikt voor een statige beplanting. Hier groeit een als hoogstam gesnoeide liguster (*Ligustrum vulgare* 'Buxifolium') samen met geraniums (*Pelargonium* 'Braque') en klimop (*Hedera helix* 'Sagittifolia Variegata').

MUREN EN SCHUTTINGEN

Wanneer uw tuin klein is, kunt u ook potplanten zetten op of hangen aan muren en schuttingen. De potten moeten stevig worden bevestigd zodat ze niet kunnen vallen. Plantenbakken kunnen met haken of draad aan het raamkozijn worden vastgemaakt. Controleer regelmatig of de bevestigingen nog in orde zijn.

Potten die aan de voet van een muur staan, zijn waarschijnlijk goed zichtbaar, zodat ze goed bij de achtergrond moeten passen. Terracotta, natuursteen en geschilderd hout zijn meestal geschikt. Ongeschilderd hout past beter bij rustieke gebouwen en het gladde uiterlijk van fiberglas, plastic en metaal komt het beste tot zijn recht bij een moderne bebouwing. U kunt fiberglasbakken in bijna iedere kleur laten maken. Hoewel wat duurder, is het extra geld voor een speciale kleur niet teveel betaald.

Omdat schuttingen niet zo sterk zijn als muren kunt u er alleen lichte draadmanden aan hangen. Ze zijn makkelijk zelf te maken door een dubbele laag kippegaas in een komvorm te buigen en met mos te vullen. Bevestig ze aan de schutting met haken en schroeven. U kunt planten ook in grote kuipen onderaan de schutting planten om een kale schutting te laten begroeien. Vaten van teak- of cederhout zijn schitterend voor een houten schutting. Beplant ze met klimop of groenblijvende kamperfoelie.

Gekleurde achtergrond
Als u niet weet welke kleuren bij elkaar passen, neem dan verwante kleuren. Hier heb ik op rood gebaseerde kleuren gebruikt: roze, rood en wit in een plantenbak (ONDER) voor een donkerroze muur.

Klimmende geraniums
In Frankrijk, Duitsland en Italië worden geraniums veel als potplanten gebruikt (RECHTS), omdat ze tijdens de warme zomers zo uitbundig bloeien. Ze worden langs de muren geleid maar men laat ze ook wel hangen.

TUINPADEN

Tuinpaden zijn net als terrassen zeer geschikt voor potplanten. Vaak loopt een pad langs een border, die een maand lang vol staat met prachtige bloemen, maar die er nogal saai uitziet als de bloemen zijn uitgebloeid. Hier kunt u bloempotten gebruiken om het geheel te verfraaien. U moet er alleen voor zorgen dat er naast de planten nog voldoende ruimte overblijft om over het pad te lopen.

Vrijwillig oponthoud

Een andere goede reden om bloempotten op een pad te plaatsen is om passanten te laten genieten van al het moois dat er te zien is. Interessante planten maken dat men even stopt om aan de bladeren te ruiken, de lichtval op de bloemen te bestuderen of de intrigerende tekening van sommige bladeren te bestuderen. Indien u echter aan beide zijden van het pad een rij met identieke potplanten plaatst, zullen passanten minder geneigd zijn te stoppen. Als een pad zeer breed is kunt u de potten aan één kant plaatsen en zo een border vormen met een permanente beplanting of met wat kleurige planten van het seizoen.

Bijpassende materialen

Sommige potten en kuipen passen goed bij een bepaalde ondergrond. Terracotta is een voor de hand liggende keus bij paden van tuintegels, baksteen of grind. Ook imitatie-natuursteen is in dit geval geschikt. Houten bakken, zoals Versailles-bakken, zijn bijzonder geschikt op grindpaden en de meer rustieke houten vaten komen goed tot hun recht op een pad van houtsnippers. In een bosrijke omgeving kunt u holle boomstronken proberen, beplant met varens.
Plaats de potten en bakken zo dat de interessante schaduwen van de planten op het pad vallen.

In de bocht
Met hun zonnige oranje bloemen, die van de lente tot de herfst bloeien, verfraaien deze maskerbloemen (*Mimulus aurantiacus*) een bocht in een oud pad van natuursteen (BOVEN).

Onderbroken lijn
Het namiddaglicht (LINKS) valt op de bloemen en bladeren van vrolijk gekleurde Oostindische kers (*Tropaeolum*), geplant in oude olievaten uit Zuid-Frankrijk en in terracotta potten.

Vormsnoei
Een strakke lijn van als piramides gesnoeide buxus (*Buxus sempervirens*) en als hoogstam gesnoeide liguster (*Ligustrum vulgare* 'Buxifolium') scheidt het pad van het grasveld en richt het oog – en de schreden – naar het eind van het pad.

AVONDTUIN

Als de zonnestralen in kracht afnemen, lijkt het of de tuin met zachte, zoete geuren tot leven komt. Als u een patio bezit waar u kunt dineren, moet u er beslist een paar potten met geurende planten neerzetten.

Door de heerlijke geur van lelies en tabaksplanten wordt het diner bij het licht van een lantaarn, van de vroege zomer tot het midden van de herfst, een bijzonder genoegen. Geurende lelies behoren tot de mooiste bloemen. Hun grote wasachtige trompetten ontluiken uit sierlijk gevormde knoppen en verspreiden een pittige, zoete geur. Het is onmogelijk te bepalen welke de mooiste zijn. Het eerst openen de madonnalelies zich met hun helderzoete geur, dan verschijnen de auratum en de koningslelie, met hun vanille- en nootmuskaatgeur en uiteindelijk, aan het eind van de zomer verschijnt de speciosum, te herkennen aan zijn teruggebogen kroonbladen en milde toffeegeur.

De witbloemige tabaksplanten geuren het sterkst. Vooral in de avond verspreiden ze een geur die doet denken aan zoete nootmuskaat. Ik houd van de ouderwetse, makkelijk uit zaad te kweken *Nicotiana alata*, omdat hij een fijnere geur heeft dan de andere verkrijgbare soorten. De hoge elegante *Nicotiana sylvestris*, bloeit laat in de zomer en geurt ook heerlijk.

Bedwelmend parfum
De ijzeren trap (LINKS) leidt van de woonkamer en keuken naar de tuin en is een ideale plek om lelies te plaatsen en die door kaarslicht te laten beschijnen. De koningslelie (*Lilium regale*), hier in hoogzomer, is geen moeilijke plant. Vanwege hun heerlijke geur zijn het ideale planten voor de avondtuin, terwijl de witte kroonbladen met hun roze onderkanten oplichten in het wegkwijnende licht. De lelies 'Pink Perfection' en 'Golden Splendour' brengen een beetje kleur in de groep.

Witte bloemen
Onder een prieel van druivebladeren en tegen een achtergrond van groene klimop en camelia (RECHTS), groeien in grote terracotta potten de doorschijnende lelies (*Lilium* 'La Reve' en *L.* 'Casa Blanca'), samen met vlijtig liesje (*Impatiens walleriana*). De geurende leliebloemen bloeien meerdere weken. Verwijder uitgebloeide bloemen om andere knoppen een kans te geven. Ik hou van bleke bloemen, omdat die oplichten in het zwakker wordende licht.

MAKEN EN VERSIEREN VAN CONTAINERS

Het is niet altijd nodig om dure potten te kopen. U kunt allerlei potten en bakken uit de keuken als bloempot gebruiken of ze van goedkoop materiaal zelf maken.

ORIGINEEL IDEE

Lelies en varens in uitgeholde stukken boomstronk laten groeien.

BEPLANTEN VAN MANDEN

Door hun natuurlijke en rustieke uiterlijk zijn manden zeer geschikt om kleine, zomerbloeiende eenjarigen en hangplanten in te planten. Manden zullen in vochtige omstandigheden zeker gaan rotten, maar u kunt hun levensduur verhogen door ze te beitsen en door een pot of plastic zak aan de binnenkant aan te brengen. Gebruik een mand met een los gevlochten onderkant zodat het water beter weg kan lopen en de twijgen minder snel rotten.

1 Verf de mand met twee lagen matte beits. Bedek het gehele oppervlak.

2 Voer de mand met een stevige plastic zak en maak gaten in de onderkant.

3 Vul met een vruchtbare, lichtgewicht potgrond. Zet de planten er netjes in. Verwijder al het zichtbare plastic.

Begonia (*Begonia semperflorens*) Een populaire tuinplant die geteeld kan worden uit zaad dat u aan het begin van het jaar zaait.

Benodigdheden

Een 35 cm lange, langwerpige, gevlochten mand
Matte beits
Kwast
Stevige zwarte plastic zak, plastic bloempot of lage schaal
Schaar
Vruchtbare, lichtgewicht potgrond
Twee klimopplanten
Drie begonia's
Drie witte zeeschildzaadplanten
Twee ageratums

Klimop (*Hedera helix* 'Gracilis')
Deze klimop is zo geplant dat hij het handvat van deze rustieke mand versiert.

Beplanting
Omdat deze mand bedoeld is voor een tuintafel (BOVEN) zijn de planten zo gegroepeerd dat ze van alle kanten bekeken kunnen worden. Het zeeschildzaad en de klimop hangen over de rand, terwijl de begonia en ageratum het middendeel opvullen.

Zomerbloemen
Dit arrangement (LINKS) kan het best in de vroege zomer worden geplant. Als u het in de zon plaatst, goed water en iedere week vloeibare mest geeft, bloeit het de hele herfst tot aan de eerste vorst.

Ageratum
(*Ageratum houstonianum* 'Blue Mink')
Verwijder uitgebloeide bloemen, zodat hij de hele zomer bloeit.

Zeeschildzaad
(*Lobularia maritima* 'Little Dorit')
Een ideale compacte vorm om in een kleine mand te planten.

SCHOORSTEENPIJP ALS BLOEMPOT

Oude schoorsteenpijpen of delen van keramische of metalen buizen kunnen als bloempot gebruikt worden. Omdat ze minder ruimte innemen als gewone potten, zijn ze ideaal op plaatsen met weinig ruimte zoals balkons, doorgangen en naast deuren. Ze zijn door hun langgerekte vorm ook geschikt om hoogte te brengen in een groepje potten. De geschiktste planten zijn die met de vorm van een ragebol, of anders lage of halfhoge arrangementen met bloemen en bladeren die losjes over de rand groeien. Lange smalle planten komen niet goed tot hun recht.

Er zijn twee manieren om pijpen te beplanten. De simpelste manier is een plastic pot nemen die precies in de pijp past en waarvan de rand juist over de rand van de pijp valt. Door de kleine plastic pot zult u dan alleen kleine soorten kunnen planten. U kunt ook een bodem aan de onderkant van de pijp maken, zodat u een zeer hoge bloempot krijgt.

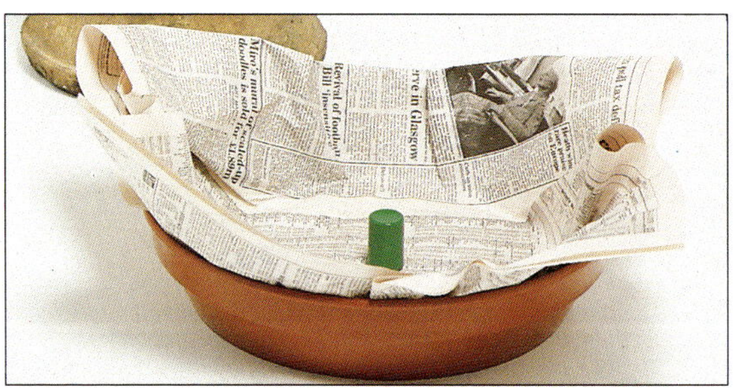

1 Het maken van de bodem. Leg krantepapier op een schotel en plaats een 2-2,5 cm brede kurk met een hoogte van minstens 2,5 cm op de plek waar u het afwateringsgat wilt hebben.

2 Maak de binnenkant van de pijp met een niet-agressief reinigingsmiddel goed schoon. Plaats de pijp op de schotel. Giet een 2 cm dikke laag beton in de pijp terwijl u de dop of kurk met een stok op zijn plek houdt.

3 Zorg dat de laag overal even dik is en laat drogen. Keer de pijp om, verwijder de kranten en tik voorzichtig de kurk uit de bodem.

Lobelia (*Lobelia erinus* 'White Cascade')
De hangende twijgen van de lobelia breken en verzachten de harde lijnen van de schoorsteenpijp. Lobelia bloeit slechts één seizoen.

4 Zet de pot overeind. Leg eerst een dikke laag potscherven op de bodem en vul de pijp dan met een zeer vruchtbare potgrond waaraan u wat turfmolm hebt toegevoegd. Beplant in de vroege zomer.

Fuchsia (*Fuchsia* 'Annabel')
Een niet-winterharde struik die jaren achter elkaar kan bloeien als hij op een vorstvrije plaats kan overwinteren.

Benodigdheden

Schotel
Krant
Kurk
Oude schoorsteenpijp
Zacht reinigingsmiddel
Beton
Stok
Potscherven
Zeer vruchtbare potgrond
Turfmolm
Vier fuchsia's
Vier lobelia's

Witte twijgen
Deze fuchsia, met zijn gebogen twijgen en hangende witte bloemen, is een uitstekende keus voor deze oude schoorsteenpijp. De fuchsia bloeit het grootste deel van de zomer en herfst en wordt begeleid door de kleine witte bloempjes van de lobelia. Dit arrangement is ideaal voor schaduw of halfschaduw. Geef iedere week een beetje vloeibare mest zodat de planten lang bloeien.

Verweerde schoorsteenpijp
De buitenkant van deze schoorsteenpijp is met opzet niet schoongemaakt zodat hij een verweerd uiterlijk heeft gekregen.

EEN VERBORGEN GOOTSTEENBAK

Stenen gootsteenbakken zijn moeilijk te vinden en zijn erg duur, maar de oude porseleinen modellen zijn eenvoudiger te verkrijgen en bovendien minder duur. Met behulp van een hechtlaag en een mengsel van cement, zand en turf is van een porseleinen model redelijk makkelijk een goede replica van een stenen bak te maken. Het mengsel hoeft maar een paar uur te drogen.

Plaats de bak op zijn uiteindelijk plek als hij nog leeg is, want gevuld met grond en stenen zal hij zeer zwaar zijn. Zelfs leeg is hij nog zwaar. (Voor meer details wat betreft het verplaatsen van zware bakken ZIE PAGINA 85). Plaats de bak op een droge zonnige plek als u hem wilt beplanten met rotsplanten. Plaats hem op een paar stenen zodat het afwateringsgat zich vrij boven de grond bevindt. Omdat wortels van rotsplanten een hekel aan teveel vocht hebben moet u een flinke laag scherven op de bodem leggen en een grondmengsel gebruiken met veel zand. Bedek de buitenkant van de bak met een laagje yoghurt zodat hij snel verweert en er als een oude stenen bak uitziet.

1 Maak de bak van binnen en buiten goed schoon. Breng op de buitenkant en op de bovenste 5 cm van de binnenkant een gelijkmatige verdeelde hechtlaag aan.

2 Breng een 1 cm dikke laag cement, vermengd met zand en veen, op de hechtlaag aan als deze plakkerig is. Druk stevig aan met een troffel en bewerk met een kwast.

3 Zet de bak op zijn uiteindelijke plaats op een paar stenen, zodat hij een goede afwatering heeft. Leg voor de afwatering een dikke laag scherven op de bodem. Vul met potgrond en scherp zand.

4 Bedek ongeveer een kwart van het oppervlak met tufsteen, maar laat genoeg ruimte over voor de planten. Maak met een oude schroevedraaier gaten in de stenen voor de muurpeper en het huislook.

Vetkruid (*Sedum spurium* 'Tricolor')
Een winterharde, kussenvormende meerjarige.

Alpenklaproos (*Papaver burseri*)
Een soort die zichzelf ieder jaar uitzaait.

Steenbreek (*Saxifraga paniculata*)
De rozetten hebben ijle stengels met witte bloemen.

Klaproos (*Papaver miyabeanum*)
De bloemen bloeien de hele zomer. Deze klaproos heeft een hekel aan vochtige winters.

Benodigdheden

Porseleinen gootsteenbak
Hechtmiddel
Cement, zand en turf (verhouding 8:2:1)
Troffel
Stevige, oude verfkwast
Scherven
Potgrond van een normale vruchtbaarheid, vermengd met scherp zand (verhouding 4:1)
Tufsteen
Grote, oude schroevedraaier

Muurpeper
(*Sedum acre*)
Groeit snel, met gele bloemen in de zomer

Alpiene omstandigheden
Rotsplanten houden van een zonnig plekje en droge grond. Geef daarom weinig water. Tijdens vochtige winters kunt u de planten met een glasplaat beschutten.

Zorgvuldige planning
Ik plantte de hangende sedums aan de kant zodat ze over de rand konden groeien. De rozetvormende succulenten klemde ik in het tufsteen. Een steenbreek staat comfortabel en netjes in zijn eigen hoekje van de bak.

Lewisia (*Lewisia* Cotyledon-hybriden) Delicate bloemen in abrikooskleur, roze en paars. De decoratieve rozetten met hun getande bladeren zijn groenblijvend.

Klokjesbloem (*Campanula cochleariifolia*) Een lieflijke vaste plant die 's zomers bloeit.

Steenbreek (*Saxifraga longifolia*) Deze soort produceert grote, gebogen piramides met witte bloemen.

Vetkruid (*Sedum spathulifolium* 'Cape Blanco') Zilverroze bladeren en gele bloemen vormen een sterk kleurcontrast.

EEN OUDE EMMER

Wanneer een metalen emmer lek raakt kunt u hem in de tuin nog gebruiken door hem te beplanten met zomerbloeiende soorten. Eenjarigen laten hun wortels graag groeien door het plastic hulpstuk met de gaatjes waarin u de dweil uitwringt. U moet wel gaten in de emmer boren voor de afwatering. Er kunnen verschillende soorten metalen emmers worden gebruikt. Antieke koperen emmers zijn prachtig maar moeilijk te vinden en duur. Buiten zullen ze hun glans verliezen en een vol, donker patina verkrijgen. Ze hebben een lange levensduur en hebben geen last van vorst. Allerlei soorten metalen emmers en pannen kunnen in de tuin gebruikt worden, als u maar afwateringsgaten in de bodem boort. Ze komen het best tot hun recht in een ongedwongen omgeving, in combinatie met materialen als hout, oude bakstenen en natuursteen. U kunt ze ook tussen lage planten in een gemengde border plaatsen.

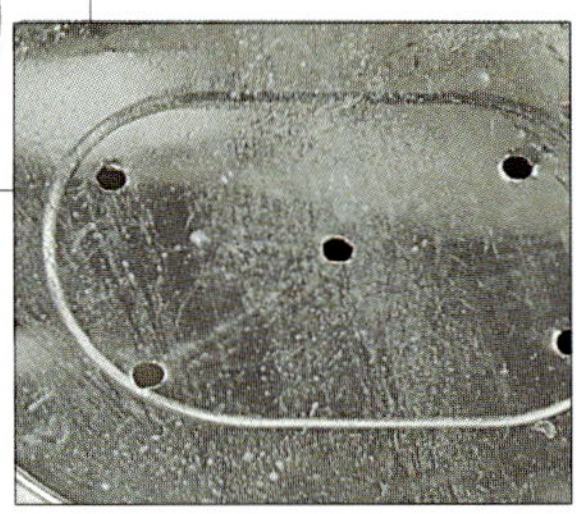

1 Maak met een elektrische boor vijf gaten in de bodem van de metalen emmer.

2 Leg een laag potscherven op de bodem en vul met potgrond. Plant achterin de ene emmer een siernetel, daarvoor twee celosia's en drie afrikaantjes langs de rand. Beplant de andere emmer met strobloemen (RECHTS).

Siernetel (*Coleus blumei*)
Een eenjarige, gekweekt vanwege zijn rode, paarse, groene, gele en oranje gekleurde bonte bladeren.

Celosia (*Celosia cristata*)
De veerachtige bloemtrossen in lichtrood, geel, roze of abrikooskleur bloeien de hele zomer.

Strobloem (*Helichrysum bracteatum* Monstrosum Series)
De asterachtige bloemen komen in allerlei kleuren voor.

Afrikaantje (*Tagetes patula* 'Spanish Brocade')
De dubbele oranje bloemen bloeien vier maanden lang.

Benodigdheden

Twee emmers
Elektrische boor
Scherven, potgrond van normale vruchtbaarheid
LINKER EMMER
Vier strobloemen
RECHTER EMMER
Een siernetel
Twee celosia's
Drie afrikaantjes

Losse beplanting
De oranje en rode strobloemen in de ene emmer en de afrikaantjes, celosia en siernetel in de andere, geven de hele zomer en een deel van de herfst een rijkdom aan kleur. Deze compositie moet niet teveel water krijgen. Geef de planten iedere week vloeibare mest.

MAKEN VAN EEN HOUTEN BLOEMBAK

Het kan moeilijk zijn om bloembakken te vinden die precies op uw vensterbanken passen. U kunt dit probleem oplossen door een plastic bak van ongeveer de juiste maat te kopen en die met hout te bekleden. Als u geen plastic bak kunt vinden kunt u zelf een bloembak maken. Gebruik multiplex, spaanplaat of hardhout als ceder- of teakhout.
U kunt het hout lakken met blanke lak of eerst gronden en dan met mat- of glansverf in een bepaalde kleur schilderen.

Houten bekleding voor een plastic bloembak

Deze eenvoudige, houten bekleding past precies om de plastic bloembak. Hij is gemaakt van spaanplaat omdat dit zo'n mooie structuur aan de verf geeft. Voor een gladder oppervlak moet u multiplex of hardhout gebruiken. Vraag de houthandelaar of hij het hout voor u op maat zaagt. Zie voor ideeën over hoe u uw bloembak kunt schilderen of versieren de pagina's 164-5.

Benodigdheden

Meetlint
Vier op maat gezaagde stukken spaanplaat
Acht metalen haken
Houtschroeven
Priem
Schroevedraaier
Kwast
Blanke lak, of grondverf en mat- of glansverf

1 Voor deze houten bloembak heeft u twee zijkanten, een voorkant en een achterkant nodig. Zaag de zijkanten 1,2 cm hoger en breder dan de plastic binnenbak. Maak de voor- en achterkant 1,2 cm hoger en 1,2 cm plus twee maal de dikte van het hout langer dan de plastic binnenbak.

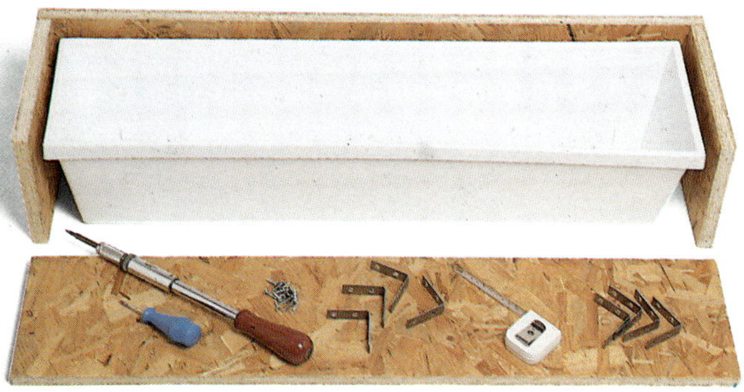

2 Maak de plankjes met twee metalen haken in iedere hoek aan elkaar vast. Markeer met een priem waar de schroeven voor de haken moeten komen. De onderste haken komen 2 cm boven de onderkant, de bovenste minstens 2,5 cm onder de bovenrand.

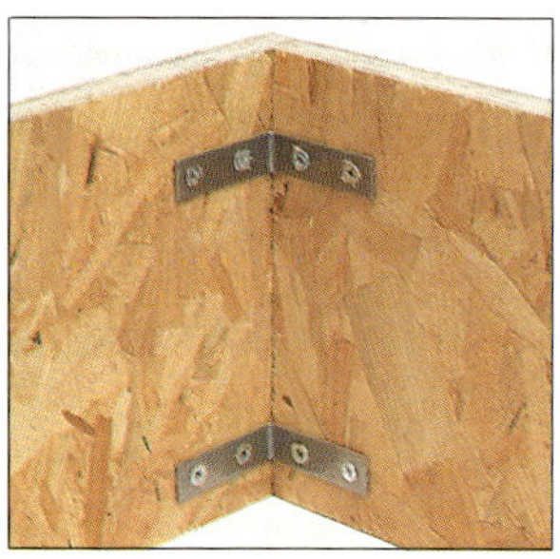

3 Schroef de haken vast. Bevestig een korte kant als laatste. U zult merken dat die met een schroevedraaier het minst lastig te bereiken is.

4 Het hout moet met blanke lak worden gelakt of eerst worden gegrond en dan met mat- of glansverf in de kleur van uw keuze worden geschilderd.

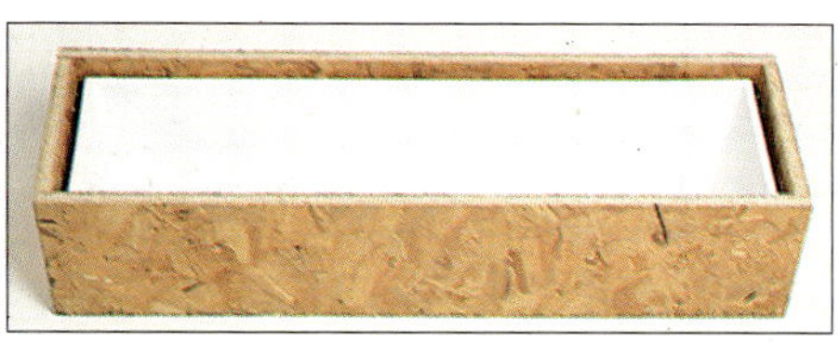

Dahlia (*Dahlia* 'Redskin')
Wordt zowel om zijn donkere, bronsgroene bladeren, als om zijn prachtige bloemen gekweekt.

Salvia (*Salvia officinalis* 'Tricolor')
De bonte bladeren kunnen in de keuken gebruikt worden.

Groene afwerking
De heldere kleuren van de bloemen en de bonte bladeren van dit herfstarrangement van dahlia's, hanggeraniums, salie, leeuwebek en zeeschildzaad komen goed uit tegen de donkergroen geschilderde bloembak. Zet de bak op een zonnige plaats, geef met droog weer regelmatig water en geef eens per week mest.

Klimopbladige geranium
(*Pelargonium* 'Elégante')
Een hangende klimopbladige variëteit met fijne, roze bloemen.

Een houten bloembak

Zie voor de zijkanten de stappen 1-3 op de vorige pagina. Zaag een extra stuk voor de onderplaat, die binnen het houten frame past. Geverfd multiplex heeft een glad oppervlak.

Benodigdheden

Houtboor	Donkergroene onderlaag
Vijf op maat gezaagde stukken multiplex	Donkergroene bovenlaag
Priem	Scherven
Houtschroeven	Potgrond van hoge vruchtbaarheid
Twaalf metalen haken	Drie dahlia's
Schroevedraaier	Twee salieplanten
Meetlint	Twee klimopbladige geraniums
Kwast	Twee leeuwebekken
Bitumenverf	Zeeschildzaad
Grondverf	

1 *Bevestig vier metalen haken aan de onderplaat, twee aan iedere lange kant. Plaats de houten bekleding op de onderplaat en markeer met een priem waar de schroeven komen. Schroef vast.*

2 *Keer de bak ondersteboven en maak met een houtboor drie 1 cm brede gaten in de bodem. Als de bak korter dan 60 cm is hoeft u maar twee gaten te boren. Bij teveel gaten zal het hout eerder gaan rotten.*

3 *Beschilder de binnenkant met bitumenverf, de buitenkant en de randen eerst met grondverf en dan met donkergroene matverf.*

Leeuwebek (*Antirrhinum majus* 'Trumpet Serenade')
Allerlei kleuren bloemen die drie maanden bloeien.

Zeeschildzaad (*Lobularia maritima* 'Wonderland')
De bloemen ruiken naar honing.

VERSIEREN VAN HOUTEN BLOEMBAKKEN

De meeste bakken die van niet-poreuze materialen zijn gemaakt, kunnen eenvoudig worden geschilderd en versierd. De eenvoudigste versiering is een glad oppervlak dat is geschilderd in kleuren die bij de omgeving passen of bij de soorten die u in de bak gaat planten. Wit, crème, donkergroen en zwart zijn veilige kleuren. Avontuurlijker is het om *trompe l'oeil*-panelen te schilderen of verschillende motieven op uw bakken af te drukken. Gebruik geen bloemfiguren in uw ontwerp, omdat die de aandacht afleiden van de echte bloemen.

Zet de bak altijd eerst in de grondverf voordat u hem aflakt. Hierdoor houdt de verflaag verschillende jaren.

Rustiek effect
Om een rustiek effect te verkrijgen moet u stukjes verweerd hout aan de bak bevestigen. Lijm de stukjes eerst op de juiste plek en schroef ze dan elk met twee schroeven stevig vast.

Trompe l'oeil-panelen
Om deze neppanelen te schilderen moet u ze eerst aftekenen met potlood. Plak de randen af met tape. Schilder twee aangrenzende zijkanten iets lichter dan de achtergrond en de andere twee iets donkerder. Dit geeft een mooi drie-dimensionaal effect.

Skimmia (*Skimmia reevesiana*)
Een zichzelfbestuivende variëteit die in de winter een rijke oogst aan bessen oplevert.

Cyclaam (*Cyclamen hederifolium* var. *album*)
Gekweekt om zijn mooie, zilvergemarmerde bladeren en helderwitte bloemen.

Een gebeitst citroenkistje
Een houten kistje, gebruikt om citroenen in te verpakken, is een geschikte bak voor deze witte, in de herfst bloeiende cyclamen. Ik heb het hout behandeld met een mengsel van lak en groene beits.

Sierkool (*Brassica oleracea*)
Deze groenblijvende tweejarigen geven roze, groene en crèmekleurige tinten aan een winterbeplanting.

Ontwerp voor een winterbloembak
Als de verf droog is kunt u met de hand een patroon op de bak schilderen of u kunt hem versieren met behulp van een sjabloon. U moet een sjabloon met een scherp mes uit een stuk karton snijden. Voor bladeren kunt u eerst echte bladeren overtrekken en daarna het ontwerp met behulp van carbonpapier op het karton overtrekken.

Vormsnoei

De oude kunst van het vormsnoeien – waarbij men planten in allerlei strakke vormen laat groeien – wordt al sinds de Romeinse tijd beoefend. Het is niet zo moeilijk als het lijkt. Het is eigenlijk alleen maar een extreme manier van snoeien. Om een bol of kegelvorm te krijgen hoeft u alleen maar de groei binnen de uiteindelijke vormgrenzen te bevorderen en moet u de rest van de plant wegknippen. Bij krachtig groeiende planten zijn geen staken of draden nodig. Voor ingewikkelder vormen, bijvoorbeeld diervormen, of bij planten met minder sterke takken, moeten de planten wel worden gesteund.

Buxus, laurier, liguster en taxus zijn geschikte planten om in vormen te snoeien. Groenblijvende klimplanten zoals de klimop of in vorstvrije klimaten ficus pumila, kunnen, terwijl ze in een kuip groeien, met behulp van een draadconstructie in bijna iedere geometrische- of diervorm worden gesnoeid.

Gesnoeide coniferen
Dit prachtige voorportaal met zijn versierde dakrand (LINKS) vraagt om in vorm gesnoeide beplanting. Naast de deur staan twee Lawsoncipressen (*Chamaecyparis lawsoniana*) die zo zijn gesnoeid dat ze elk twee bollen vormen.

Een kegelvormige struik
Om een buxusplant (*Buxus sempervirens*) in een kegelvorm (BOVEN) te snoeien moet u de stam tot de vereiste hoogte laten groeien en de zijscheuten steeds bijknippen. Omdat de stam van de buxus stevig is, hoeft de plant niet gesteund te worden.

Een kegel van klimop

Laat een klimplant over een draadconstructie van een bepaalde geometrische vorm groeien. Klimop is hiervoor een van de meest geschikte planten. Hij groeit snel en is groenblijvend en daardoor het hele jaar de moeite waard. Het frame van kippegaas voor deze klimop (ONDER) bestaat uit twee delen.

1 Neem voor het onderste deel van het frame een stuk kippegaas van 2,5 m en maak hiervan een cilinder met een diameter van 35 cm. Hierdoor krijgt u een dubbele laag gaas. Breng hiertussen u een 1 cm dikke laag mos aan.

2 Druk het mos stevig tussen de twee lagen kippegaas. Bind het gaas aan de uiteinden en aan de onderkant van de cilinder stevig aan elkaar, zodat het mos er niet meer uit kan vallen.

3 Buig de cilinder mooi in vorm, terwijl u de bovenkant iets naar binnen buigt. Maak een tweede iets kleinere cilinder en plaats die op de eerste. Buig de bovenkant in een punt en bind de twee aan elkaar. Het frame is nu klaar om de klimop te steunen.

Een glanzende groene kegel
In drie jaar tijd zal de klimop (*Hedera helix* 'Deltoidea') het frame begroeien. Deze variëteit is ideaal voor schaduw of halfschaduw, maar groeit ook in de zon.

4 Vul de terracotta pot met een lag scherven en met potgrond. Haal een draad door het gat van de metalen stok en plaats die in het midden van de pot. Plant de klimplanten langs de rand.

5 Plaats het draadframe met de onderkant op de potgrond. Maak de top van de metalen stok met draad van aan de bovenkant van het frame.

Benodigdheden

3,5 m x 30 cm kippegaas
Mos
Tuindraad
Terracotta pot met een diameter van 50 cm
Vruchtbare potgrond en scherven
Metalen stok van 1 m lang, met een gat in de top
Vijf klimopplanten

MAKEN VAN EEN KRUIDENZUIL

Ik hou ervan om kruiden in de buurt van de keuken te telen, zodat ik er bij het koken makkelijk wat van kan gebruiken. De meeste kruiden houden van zon en daarom is een zonnig plekje van bijzonder belang. De kleinere soorten – tijm, bieslook, oregano en salie – kunnen bij elkaar in een pot geteeld worden, of in een kruidenzuil van kippegaas en mos. De grotere struiken en bomen, als rozemarijn en laurier, kunnen beter in een eigen kuip staan. Munt moet ook alleen staan omdat hij nogal kan woekeren. Hoewel het twee- of meerjarigen zijn, kunnen veel van de kleinere kruiden, als oregano, bieslook, peterselie en dragon, het beste ieder voorjaar opnieuw geplant worden, omdat ze hun smaak verliezen.

1 Klem mos tussen twee stukken kippegaas. Bind de onderkant en de zijkanten met tuindraad aan elkaar en steek gaten in het mos voor de planten. Maak een plastic binnenvoering voor de zuil en prik daar afwateringsgaten in. Leg een laag scherven op de bodem.

2 Vul de zuil met potgrond tot aan het eerste zijgat. Plaats de kleine hangplanten in de gaten en vul de zuil verder op tot zo'n 10 cm van de rand. Plaats de grotere kruiden bovenin de zuil.

3 Laat 2 cm ruimte over tussen de potgrond en de rand zodat u makkelijker water kunt geven. Na enkele weken kunt u al van de kruiden plukken.

Bieslook (*Allium schoenoprasum*)
Verwijder de bloemen zodat de plant meer blad vormt.

Salie (*Salvia officinalis* 'Purpurascens')
Een eetbaar en decoratief kruid.

Tijm (*Thymus drucei*)
Hoewel dit een taaie plant is hebben de bladeren een excellente smaak.

Marjolein (*Origanum vulgare*)
Verwijder de bloemen zodat de plant meer blad vormt.

Een decoratieve vensterbank
Een stel kruiden in kleine potten op een vensterbank is zowel een fraai gezicht als praktisch. Van links naar rechts: basilicum, munt, tijm, dragon, engelwortel en snijbiet.

Tijm (*Thymus vulgaris aureus*)
Een heerlijk geurend kruid.

Bontbladige munt (*Mentha* x *gentilis* 'Variegata')
Deze variëteit heeft bladeren met een milde smaak.

Peterselie (*Petroselinum crispum*)
Achterin een onmisbare tweejarige, die het beste in het eerste seizoen kan worden geplukt.

Opmerkingen

Geef deze kruidenzuil regelmatig water maar doorweek de grond niet. Geef eens per twee weken vloeibare mest. Draai de zuil regelmatig zodat elke plant genoeg zon krijgt. Pluk niet teveel, omdat de kruiden anders sterven.

Benodigdheden

2,25 m x 30 cm kippegaas
Mos
Tuindraad
Plastic voering
Scherven
Normaal vruchtbare potgrond
Bieslook
Bontbladige munt
Salie
Marjolein
Twee tijmplanten
Twee peterselieplanten

Snoeien van hoogstammen

Hoogstamvormen zijn niet zo moeilijk te telen als veel mensen denken, maar het helpt als u een kas bezit. Hoogstammen zijn gevoeliger voor vorst dan lage planten en kunnen daarom in koude klimaten het beste onder glas overwinteren.
Het opkweken van een hoogstam begint met een stekje, dat u tot een lengte van ongeveer 15 cm laat opgroeien, waarna u de zijscheuten verwijdert zodra ze verschijnen. Steun de hoofdstam goed en geef ruim water en mest (tweemaal per week gedurende het groeiseizoen), maar doorweek de potgrond niet. Als de hoofdstam tot 20 cm onder de vereiste hoogte is gekomen, laat u de zijscheuten uitgroeien in een bolvorm. U moet een bolvormige kooi van ijzerdraad maken om de zijscheuten te steunen.

Zonale geranium
(*Pelargonium* 'Deacon Bonanza')
Op een zonnige plek bloeit deze plant uitbundig met helderroze bloemen.

Een nep-boomvaren

Benodigdheden

Een berkestam van 1 m
Bloempot van 25 cm
Gips
Plastic schoteltje
Schroeven
Bloempot van 40 cm
Normaal vruchtbare potgrond
Klimop
Bostonvaren

U kunt een imitatie-boomvaren maken door een Bostonvaren op een berkestammetje te plaatsen. Bostonvarens kunnen alleen in de zomer en herfst buiten verblijven. Als u een plant wilt die het hele jaar buiten kan moet u klimop gebruiken. Wandelende Jood is hiervoor ook geschikt, maar is niet helemaal winterhard.

1 Zet een 1 m lange boomtak in een pot met gips. Schroef een plastic schoteltje op de tak. Zet de pot met de boomtak in een grotere pot.

2 Vul de grote pot met potgrond en plant klimop langs de rand. Zet een Bostonvaren op het schoteltje. Plaats op een beschut plekje uit de wind in schaduw of halfschaduw. Geef de planten goed water en snoei de klimop af en toe om hem netjes te houden.

Bloeiende hoogstammen

Geraniums en fuchsia's kunnen uitstekend als hoogstam worden gesnoeid, die de hele zomer door bloeien. Geraniums moeten in de zon staan, maar fuchsia's en hortensia's prefereren halfschaduw. Hoewel hortensia's winterhard zijn, kunnen ze als hoogstam in de winter beter in een kas tegen de vorst beschermd worden.

Fuchsia (*Fuchsia* 'Citation')
Een stevige variëteit die zeer geschikt is om als hoogstam te worden gesnoeid.

Klimop (*Hedera helix* 'Gracilis')
Ze zijn in deze bakken geplant om de potgrond te bedekken.

Hortensia (*Hydrangea macrophylla* 'Hamburg')
Houd in de schaduw en geef ruim water. Dit exemplaar is twee jaar oud.

Klimop (*Hedera helix* 'Deltoidea')
Deze variëteit is te herkennen aan zijn hartvormige groene bladeren.

STEUNEN VAN POTPLANTEN

Klimplanten, hoge een- en meerjarigen en jonge struiken en bomen, hebben allemaal steun nodig als ze in containers worden geteeld. Omdat de steunbasis beperkt wordt door de afmetingen van de container, zijn niet alle traditionele steunmiddelen bruikbaar en moeten we soms onze eigen inventiviteit aanspreken.
De eenvoudigste steun is een stok die tot op de bodem van de bak in de grond wordt gezet. De hoofdtak van de plant wordt aan de stok gebonden. Deze methode is geschikt voor planten, als jonge bomen, die uiteindelijk geen steun meer nodig hebben. Als een uitgebreider steunsysteem vereist is, kunt u ook een piramide- of waaiervormig latwerk maken. Let erop dat de stokken zo lang zijn, dat ze van de bodem van de bak tot bovenaan de planten reiken.

Benodigdheden

Vier bamboestokken van 1,5 m
Negen dwarslatjes van 35 cm
IJzerdraad
Buigtang
Bloempot met een diameter van 30 cm
Scherven
Vruchtbare potgrond
Touw
Kamperfoelie

Zilverboom
Strobloem (*Helichrysum petiolare*) is een halfwinterharde struik, die als hij langs vier bamboestokken in een piramidevorm wordt geleid, in een zomer wel 1,5 m hoog kan worden. Bind de hoofdscheut aan de middelste stok, en knip de zijscheuten op 15 cm af totdat de plant de vereiste hoogte heeft bereikt. Daarna kunt u de plant laten groeien. Verwijder de bloemen. Plaats in de zon, geef regelmatig mest en water en bescherm de plant tegen de vorst.

Maken van latwerk

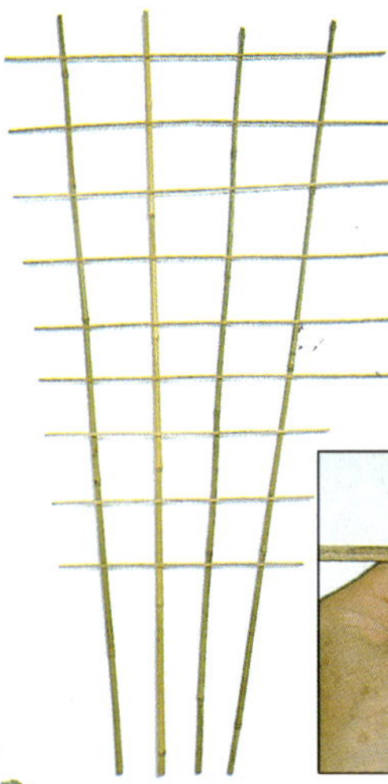

1 Leg vier staken in een waaiervorm zodat de onderkanten in de bak passen. Leg de dwarslatjes van oplopende lengte dwars op de waaier, op regelmatige afstand van elkaar. Markeer de plekken waar ze elkaar kruisen.

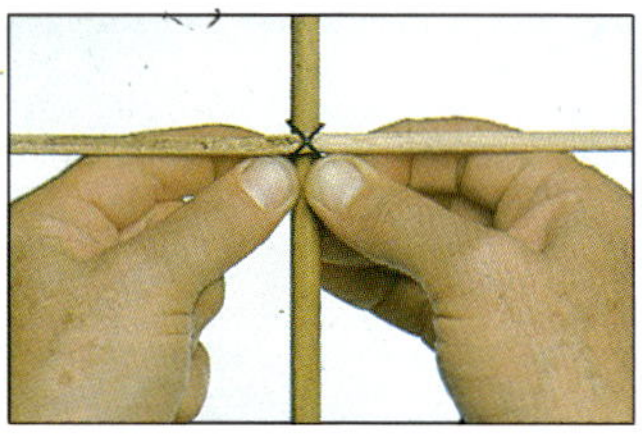

2 Maak de onderste dwarslat met ijzerdraad aan de staken vast. Maak een lus achterom de bamboestok, haal de einden kruislings over de dwarslat en haal ze aan de achterkant weer naar beneden.

3 Draai het draad aan de achterkant van de stok stevig vast. Bevestig eerst de onderste en dan de bovenste dwarslat, voor u de andere stokken bevestigt.

Een geurige klimplant
Deze half-groenblijvende Japanse kamperfoelie (*Lonicera japonica* 'Halliana') vormt in de zomer en herfst sterk geurende bloemen. Het is een uitstekende, klimmende kuipplant.

VERZORGING VAN PLANTEN

U dient uw planten, eenjarigen, bollen, vaste planten, struiken en bomen goed te verzorgen, als u wilt dat ze zich zo lang mogelijk van hun beste kant laten zien. Snoeien, vermeerderen, water en mest geven, planten en het bestrijden van ziekten en plagen is noch moeilijk noch ingewikkeld. U hoeft slechts de volgende simpele aanwijzingen op te volgen en uw planten zullen gezond en gelukkig zijn.

ESSENTIEEL TUINGEREEDSCHAP
Een gieter, plantschepje, snoeischaar, touw en staken zijn noodzakelijk voor de dagelijkse verzorging van kuipplanten.

ZIEKTEN EN PLAGEN

Kuipplanten zijn net zo gevoelig voor ziekten en plagen als planten in de volle grond, al zullen slakken niet zo'n probleem zijn, omdat die over de grond kruipen. Enkele simpele maatregelen kunnen helpen om ziekten en plagen te voorkomen. Begin met zo schoon mogelijke potten, potscherven en grond. Was de bakken en de scherven met water en een desinfecterend middel om alle schimmelsporen te verwijderen. Gebruik altijd gesteriliseerde potgrond – de meeste potgrond in plastic zakken is veilig – zodat er geen ziekten in de grond zitten. Onthoud dat hergebruikte potgrond problemen kan geven. Met name petunia's mogen nooit in potgrond geplant worden waarin al andere petunia's hebben gestaan, omdat ze anders verwelkingsziekte kunnen krijgen. Gebruik indien mogelijk organische methoden om plagen te bestrijden. Water en zeep is geschikt om bladluizen te bestrijden. Slakken kunnen gelokt worden met een grapefruit. Snij de vrucht in tweeën, verwijder het vruchtvlees, en plaats de schil als een kleine iglo op de grond. Verwijder iedere ochtend de gevangen slakken. Een omgekeerde bloempot, gevuld met kranten is een goede val voor oorwurmen, die ze van de dahlia's weghoudt. U kunt de potten ook iets boven de grond plaatsen zodat oorwurmen er niet onder gaan zitten. Houd de omgeving rond de potten vrij van afval en dode bladeren, omdat dat allerlei gedierte aantrekt.

Bladmineerders
Larven van verschillende soorten motten en vliegen graven gangen in blad, waardoor een netwerk van lijnen op het blad ontstaat. De planten die het meeste last van bladmineerders hebben zijn akelei, sering, gouden regen en chrysant. Infecties veroorzaken meestal niet veel schade.

Pissebedden
Pissebedden leven in vochtige, donkere plaatsen en eten organisch afval. Grote kolonies kunnen ontstaan in vochtige spleten onder kuipen en via het afwateringsgat de kuip inkomen. Ze eten 's nachts alle delen van de plant: wortels, stengels en bladeren kunnen worden aangetast. Er zijn middelen verkrijgbaar om ze eventueel te bestrijden.

Oorwurmen
Deze insekten zijn niet al te schadelijk voor kuipplanten, al eten ze soms bloemen en bladeren van dahlia's en chrysanten. Plaats een omgekeerde bloempot gevuld met stro in de buurt van de plant. De oorwurmen zullen in de pot kruipen en u kunt ze dan 's morgens verwijderen.

Slakken
Kleine slakken veroorzaken de meeste schade. Ze kruipen 's nachts uit vochtige, donkere plaatsen, tussen dode bladeren en rottende vegetatie om zich tegoed te doen aan jonge stengels, bladeren en knoppen. Ook ondergrondse wortels, bollen en knollen worden gegeten.

Bladluizen
Verschillende soorten bladluis kunnen een ware plaag vormen in de tuin. Ze zuigen het sap uit de jonge scheuten en knoppen, waardoor de plant misvormd wordt en de knoppen kunnen gaan rotten. Ze scheiden een kleverige honingdauw af waardoor roetschimmels zich kunnen vermeerderen en virussen zich kunnen verspreiden. Ze gedijen in warm weer. Eenjarigen, vaste planten en struiken zijn gevoelig voor bladluis. U moet uw planten regelmatig controleren. Er zijn verschillende biologisch afbreekbare middelen verkrijgbaar om bladluis te bestrijden.

Schildluizen
Deze insekten kunnen laurierbomen, camellia's en andere groenblijvende planten aantasten. Ze veroorzaken een plakkerige, zwarte laag op de bladeren. De vrouwtjes worden beschermd door een hard schildje, dat stevig aan het blad vastzit. U kunt de insekten met de hand verwijderen of eventueel in de zomer met een insekticide bestrijden.

Witte vlieg
Witte vlieg is verwant aan bladluis, maar lijkt meer op kleine motjes. Ze leven aan de onderkant van bladeren van plantesappen. Ze scheiden een kleverige honingdauw af die aan de bloemen en bladeren plakt en roetschimmel aantrekt. Plagen kunnen vanaf het eind van de lente optreden. U kunt ze op dezelfde manier bestrijden als bladluizen

Meeldauw
Meeldauw kan veroorzaakt worden door verschillende schimmels en komt voor op rozen, begonia's en chrysanten. In tegenstelling tot wat de meeste mensen denken komt het juist voor met droog weer. Verwijder dode en aangetaste bladeren.

Roest
Een schimmelinfectie die vlekken op bladeren veroorzaakt. Verbrand aangetaste bladeren en verwijder de gehele plant als hij twee opeenvolgende jaren last van roest heeft. Leeuwebek, mahonia en roos hebben het meeste last van roest.

PLANTEN EN VERPOTTEN

Geef uw planten een goede start door ze op de juiste manier te planten. Zorg dat de kuip helemaal schoon is en verwijder alle oude grond. Poreuze potten van steen en terracotta moeten extra goed worden schoongemaakt. Als u een terracotta pot zijn verweerde uiterlijk wilt laten behouden, kunt u alleen de binnenkant schoonmaken.

Beplanten van kuipen

Het is een goed idee om poreuze potten voor het planten eerst goed nat te maken, omdat ze anders teveel vocht aan de potgrond onttrekken.
Leg onder in de pot een laagje drainagemateriaal. Potscherven zijn uitstekend, maar u kunt ook grind of zelfs piepschuimkorrels gebruiken. Kuipplanten kunnen het beste in een op tuinaarde of op turfmolm gebaseerde potgrond geplant worden. Op tuinaarde gebaseerde mengsels zijn meestal neutraal en die op turfmolm meestal iets zuurder.

Beide soorten zijn in verschillende soorten vruchtbaarheid te verkrijgen. De minst vruchtbare soorten zijn geschikt om zaden te laten kiemen en zaailingen op te kweken. Normaal vruchtbare grond is voor jonge planten. Zeer vruchtbare grond wordt meestal gebruikt voor volwassen planten.
Op tuinaarde gebaseerde grondmengsels zijn nogal zwaar en compact. Dit kan problemen opleveren bij het water geven. Grond met veel turfmolm droogt daarentegen makkelijk uit en is dan moeilijk weer vochtig te krijgen. Een mengsel van de twee is volgens mij het beste behalve als een plant speciale eisen stelt.

Verpotten

Wanneer de wortels van een plant de hele pot vullen en zelfs uit de afwateringsgaten groeien, is het tijd om hem te verpotten naar een grotere pot. De meeste planten zullen dat zeer op prijs stellen. Om visuele redenen is het beter om niet een te grote pot te kiezen.

VERPOTTEN VAN GROTE PLANTEN

Als een plant te groot is geworden voor zijn pot, hij helemaal aan de pot vastzit en te zwaar is om ondersteboven te keren en de wortelkluit los te tikken, moet u de onderstaande methode toepassen.

1 Deze grote cordyline moet verpot worden. De wortels groeien uit de afwateringsgaten. Planten moeten ook worden verpot als de wortels in een spiraal langs de binnenrand van de pot groeien.

2 Bind een touw rond de bladeren. Pak de plant net boven de grond bij zijn stam beet. Til hem op en tik tegen de rand van de pot. Het gaat makkelijker als iemand u even helpt.

3 Als het lostikken niet lukt, kunt u de pot van de wortelkluit losknippen. Knip met een snoeischaar aan een kant in de pot. Maak indien nodig aan de andere kant nog een knip.

Schoonmaken van potten

Maak gebruikte potten goed schoon voor u ze opnieuw beplant. Schrob de binnenkant en indien gewenst de buitenkant, met een verdund desinfecterend middel om eventuele ziekten en plagen van het oppervlak te verwijderen. Spoel na met schoon water. Maak ook de drainagescherven goed schoon. Onthoud dat grote scherven makkelijker zijn te reinigen dan kleine.

Verpotten van kleine planten

Geef de plant van te voren goed water zodat hij in een goede gezondheid verkeert. Verpot geen planten als het vriest, omdat veel planten daar niet tegen kunnen. Verpot de planten altijd naar een pot die tenminste een maat groter is en let erop dat de plant even diep komt te staan als in de oude pot.

1 Leg op de scherven van de nieuwe pot een laag potgrond en druk die aan, zodat als de plant in zijn nieuwe pot wordt gezet, het grondmerk van de plant net onder de rand van deze pot zal komen.

2 Zet de plant met pot en al in een emmer water tot er geen luchtbellen meer verschijnen. Grijp de stam van de plant stevig vast en keer de pot ondersteboven.

3 Tik met de pot tegen een harde rand, bijvoorbeeld van een emmer en haal de wortelkluit uit de pot. Als dit niet lukt moet u met een stokje door een van de afwateringsgaten duwen.

4 Maak de wortels aan de onder- en zijkant voorzichtig een beetje los. Hierdoor zullen ze naar onderen en opzij groeien in plaats van in een spiraal.

5 Zet de plant op de aangedrukte grond in de pot, let erop dat hij recht staat, en vul de zijkanten tot net onder de rand zorgvuldig op met potgrond. Druk stevig aan.

WATER GEVEN

U moet kuipplanten zorgvuldiger water geven dan planten in de volle grond, omdat de grond in kuipen eerder uitdroogt of te nat wordt. Het is echter wel gemakkelijker om de juiste hoeveelheid te bepalen van water of vloeibare mest die moet worden gegeven.

Het juiste evenwicht

Voor de meeste soorten en variëteiten moet u de grond tijdens het groei- en bloeiseizoen vochtig maar niet te nat houden. Planten hebben er een hekel aan als hun wortels in het water staan. Zet daarom nooit een schotel onder de pot die teveel water opvangt. Omdat de bladeren van de planten zo'n groot oppervlak beslaan zullen kuipplanten niet zoveel regenwater ontvangen als planten in de volle grond. Kijk daarom regelmatig, ook met nat weer, of de grond niet te droog is. Bij planten die gemest moeten worden, kunt u vloeibare of oplosbare mest aan het water toevoegen. Verschillende planten hebben verschillende wensen, maar eenmaal per week is het meest gangbaar. Zie voor deze wensen onder de kopjes PRAKTISCHE TIPS. Geef in de winter als het niet vriest, slechts weinig water, bijvoorbeeld eens in de twee weken. Geef nooit water als het vriest.

Een emmer water
Laat de pot voorzichtig in een emmer water zakken, die voor tweederde is gevuld. De pot moet helemaal onder water staan. Als er geen luchtbellen meer naar boven komen is de grond doordrenkt. Laat de plant uitdruipen.

Hangmanden
Gebruik een drukspuit om moeilijk bereikbare planten in hangmanden water te geven. Met deze methode spuit u water uit een fles via een gebogen buis direct in de grond. Hangmanden drogen zeer snel uit, omdat een mand poreus is. Houd ze constant in de gaten. Bij warm weer hebben ze twee maal per dag water nodig.

Drupmethode
Een in de winkel verkrijgbaar drupsysteem is nuttig om planten water te geven als u er niet bent. Capillaire buisjes hevelen het water vanuit een emmer in de grond. Houd de planten wel in de schaduw.

Wieksysteem
Duw het ene eind van een paraffinelampepit of wiek in de grond en het andere eind in een emmer water. Let erop dat de wiek tot op de bodem van de emmer komt.

Verpakt in turf
Planten kunnen vochtig blijven door ze aan alle kanten in natte turf te verpakken. In de schaduw kunnen planten met behulp van deze methode verschillende dagen in goede conditie blijven.

Snoeien

Om planten in een mooie vorm te laten groeien en veel bloemen te laten produceren moet u ze snoeien en de uitgebloeide bloemen verwijderen. Snoeien is een zaak van gezond verstand: verwijder de dode, zieke en lelijke takken en bladeren en zorg dat de plant in een mooie vorm blijft. Hierdoor kunnen de gezonde takken met de meeste bloemen zich ongehinderd ontwikkelen.

Sommige planten, zoals hortensia's en camellia's, vormen bloemen op tweedejaarstakken, terwijl andere, zoals rododendrons en bepaalde rozen, op eerstejaars takken bloemen vormen.
Planten met een lang bloeiseizoen vormen meer bloemen als ze geen zaden hoeven te vormen. Behalve als de zaadknoppen decoratief zijn, kunt u de uitgebloeide bloemen dan ook beter verwijderen.

Uitgebloeide bloemen bij eenjarigen

Verwijder uitgebloeide bloemen om het bloeiseizoen te verlengen. Doe het met een scherpe schaar of snoeischaar, om de plant zo min mogelijk te beschadigen. Het is soms een vervelend werkje maar het loont de moeite.

Bij geraniums moet u constant de uitgebloeide bloemen verwijderen, zodat de plant maandenlang bloeit. U kunt de bloemsteel gewoon afbreken.

Net als bij deze viooltjes, kunt u van eenjarigen de uitgebloeide bloemen met een schaar afknippen. De planten kunnen dan geen zaaddozen vormen.

Snoeien van groenblijvende struiken

Evenals de choisya (*Choisya ternata*) onder, hoeft u groenblijvende struiken slechts weinig te snoeien. Na de lentegroei kunt u de plant met een snoeischaar een beetje in vorm knippen en het dode hout verwijderen.

1 Laat choisya in een bolvorm groeien door dwarse takken te verwijderen en lange takken tot net boven een bladknop terug te nemen.

2 Verwijder spichtige en dode takken. De gesnoeide struik lijkt een beetje misvormd, maar dat trekt snel weer bij. Snoei na de bloei.

Het snoeien van rozen in potten

U kunt zeer veel rozenvariëteiten in potten telen. De meeste worden in de lente gesnoeid als de nieuwe bladeren zich net beginnen te ontwikkelen.

1 Verwijder van een rozestruik alle spichtige, dode, dwars- en tegen elkaar aan groeiende takken.

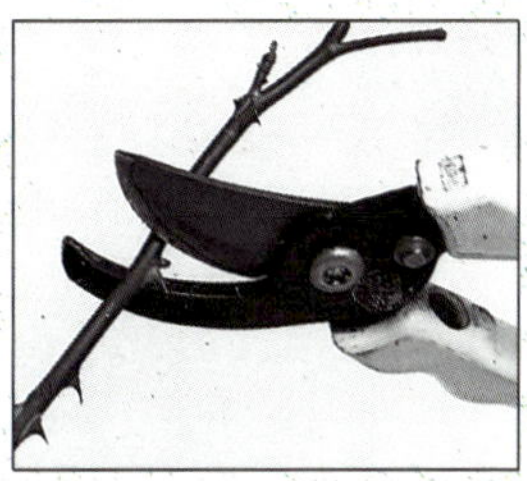

2 Laat aan iedere tak drie of vier knoppen zitten. Maak een scherpe snee onder een lichte hoek net boven een gezonde, naar buiten gerichte knop.

3 De gesnoeide rozestruik heeft een open waaiervorm, zodat de nieuwe scheuten zich goed kunnen ontwikkelen en de struik goed zal bloeien.

VERMEERDEREN

Het opkweken van uw eigen planten is een bijzonder leuke bezigheid. Er zijn twee basismethoden om planten te vermeerderen. De eerste, geslachtelijke vermeerdering, betekent het opkweken uit zaad en kan zonder al teveel moeite thuis worden gedaan. Met name eenjarigen en groenten zijn makkelijk te telen en de meeste zullen in het eerste jaar al bloemen of vruchten produceren. Dit is niet altijd het geval als u het zaad zelf heeft gewonnen. Als u zeker wilt zijn van een bepaalde variëteit moet u uw zaad bij een gerenommeerde zaadhandelaar kopen. De tweede methode is de vegetatieve vermeerdering en omvat het stekken, afleggen en scheuren. Met deze methode krijgt u planten die identiek zijn aan de ouderplant. Sommige soorten kunnen bijzonder makkelijk vegetatief vermeerderd worden. Stekken van vlijtig liesje, wandelende Jood en siernetel kunt u eenvoudig in een kopje water laten wortelen. Andere zoals camellia zijn lastiger en kunnen beter met behulp van bladstekken worden vermeerderd. Enkele eenvoudige technieken worden hieronder behandeld, maar vermeerdering is een uitgebreid onderwerp en als u bijzonderheden over bepaalde planten wilt weten kunt u dat beter opzoeken in een boek dat speciaal over vermeerdering gaat.

VASTE PLANTEN SCHEUREN

De meeste vaste planten hebben er baat bij als ze iedere twee of drie jaar worden gescheurd. Als hun wortelstelsels zich uitbreiden sterft het centrum af zodat alleen de buitenkant van de plant optimaal kan groeien. Door de wortels te scheuren kunt u het dode centrum verwijderen èn het aantal planten vergroten.

1 Winterharde vaste planten zoals hosta's kunnen in de lente eenvoudig door scheuren worden vermeerderd. Keer de pot ondersteboven om de wortelkluit los te maken. Mogelijk moet u met een stok door een afwateringsgat duwen als het niet meteen lukt.

2 Schraap voorzichtig de grond van de wortels af, maar beschadig ze niet. De meeste vaste planten zijn vrij stevig dus u hoeft niet te voorzichtig te zijn.

3 Hak met een klein scherp schepje de kluit in tweeën zo mogelijk op een plek waar zich al een natuurlijke splitsing bevindt. U kunt de plant eventueel verder delen. Zet de planten meteen weer in de grond.

EENJARIGEN OPKWEKEN UIT ZAAD

Om zaad te laten kiemen heeft u alleen een kweekbakje, wat potgrond, getemperd licht en een temperatuur van 18°C nodig. Dek het bakje af met een laagje plastic zodat het wat vochtig wordt.

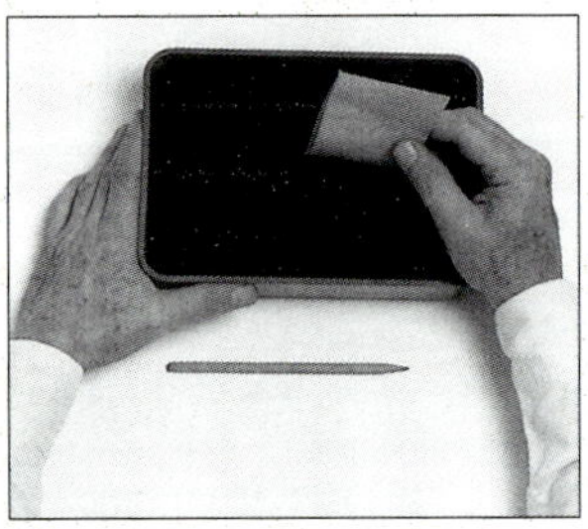

1 Maak kleine gaatjes in de potgrond. Strooi er wat zaad in en bedek met grond. Geef water en sluit af met plastic.

2 Als de zaden zijn ontkiemd, moet u ze voorzichtig verspenen. Zet ze op een onderlinge afstand van 3 cm in een kweekbakje met speciale potgrond voor zaad.

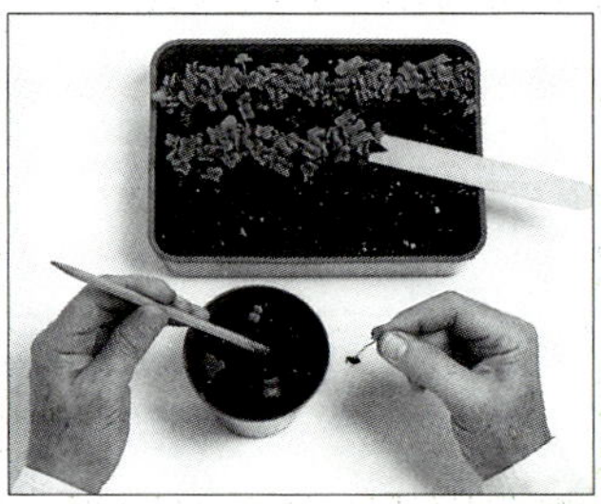

Stekken

Scheutstekken neemt men van vorstgevoelige vaste planten, zoals geraniums. Tussenstekken worden meestal van struiken en klimplanten genomen, men laat ze in de zomer wortelen. Stamstekken worden genomen als bladloze, rijpe scheuten van struiken en bomen in de herfst en de winter.

1 Voor een stam- of tussenstek neemt u een stevige 15-20 cm lange scheut van een struik. Gebruik een scherp snoeimes en snij het eind van de stek net onder een bladknop.

2 Verwijder met een scherp mes voorzichtig de onderste bladeren (en de top als het een tussenstek betreft) en doop de versgesneden stek ongeveer 2 cm in hormoonpoeder.

3 Zet in een doorlatende, normaal vruchtbare potgrond vermengd met zand en turfmolm. Druk stevig aan en plaats ze het liefst achter glas. Na een jaar zullen ze wortelen.

Oogstek

Oogstekken zijn een goede manier om camellia's, rododendrons en magnolia's te vermeerderen. U kunt ze het beste in de zomer nemen als de planten in volle groei zijn.

1 Snij een blad met een bladknop en een 'hiel' van een houtige tak die net van de plant is verwijderd. Doe het met een scherp snoeimes om een schone snede te verkrijgen.

2 Doop de hiel en een deel van de bladbasis in hormoonpoeder. Plaats in een mengsel van zand en turfmolm. Houd vochtig op 18°C totdat de stek heeft geworteld. Dit kan enkele manden duren.

Stekken in water

U kunt sommige planten vermeerderen door een juist onder een bladknop afgesneden stek, waarvan de onderste bladeren zijn verwijderd, in een glas water te zetten. In de zomer zal de stek op een lichte plek snel wortelen. Begonia, vlijtig liesje, siernetel en wandelende jood reageren goed.

Lijst van planten

✳ ***Abutilon* (Abutilon)**
• Winterhard tot half-winterhard, groenblijvend tot bladverliezend, meerjarig en eenjarig
• Zomerbloemen
• Rijk, goed doorlatend grondmengsel
• Zon of halfschaduw
• Zeer bloemrijke potplant

✳ ***Acer* (Esdoorn)**
• Winterharde, bladverliezende struiken of bomen
• Mooie bladeren
• Rijk, goed doorlatend grondmengsel
• Zon of halfschaduw
• De variëteiten met kleine bladeren houden niet van teveel zon

✳ ***Adiantum* (Venushaar)**
• Winterharde tot half-winterharde, bladverliezende tot groenblijvende varens
• Aantrekkelijke bladeren
• Vochtig, neutraal tot zuur grondmengsel
• Halfschaduw
• Verwijder de oude bladeren

✳ ***Agapanthus* (Kaapse lelie)**
• Winterhard tot half-winterhard, groenblijvend, meerjarig
• Clusters van witte of blauwe zomerbloemen
• Vochtige maar goed doorlatende grond
• Zonnige plek
• Splitsen in de lente

✳ ***Agave* (Agave)**
• Half-winterharde tot niet-winterharde, meerjarige succulent
• Zwaardvormige bladeren met scherpe stekels
• Goed doorlatend grondmengsel
• Zonnige plek
• In de winter vorstvrij houden

✳ ***Ageratum* (Ageratum)**
• Half-winterharde, struikige eenjarige
• Clusters van veerachtige zomerbloemen
• Rijk, goed doorlatend grondmengsel
• Zon of halfschaduw
• Verwijderen van uitgebloeide bloemen geeft continue bloei

✳ ***Aloe* (Aloë)**
• Half-winterhard, tot niet-winterhard, groenblijvend, rozetvormig en meerjarig
• Succulente bladeren en klokvormige winter of lentebloemen
• Zeer goed doorlatend grondmengsel
• Zonnige plek
• Zeer mooie vorm

✳ ***Anemone blanda (Anemoon)***
• Winterharde meerjarige knolplant
• Komvormige lentebloemen
• Goed doorlatende potgrond met turfmolm
• Zon of halfschaduw
• De tere bloemen zijn wit, blauw of roze

✳ ***Anthemis* (Kamille)**
• Winterharde meerjarige; sommige soorten zijn groenblijvend
• Zomerbloemen en varenachtige bladeren
• Goed doorlatende potgrond
• Zon
• De scherp geurende bloemen doen het goed in een gemengde beplanting

✳ ***Antirrhinum* (Leeuwebek)**
• Winterharde tot half-winterharde meerjarige die gewoonlijk als eenjarige geteeld wordt
• Bloeit van de lente tot de herfst
• Vruchtbare goed doorlatende potgrond
• Zon
• Verwijder dode bloemen om bloei te verlengen

✳ ***Aquilegia* (Akelei)**
• Winterharde, kortlevende meerjarigen
• Gespoorde lente en zomerbloemen
• Goed doorlatende potgrond
• Zon of halfschaduw
• Gevoelig voor bladluizen

✳ ***Artemisia* (Bijvoet)**
• Winterharde meerjarige lage struik, groenbljvend of half-groenblijvend
• Aromatische bladeren
• Goed doorlatende potgrond
• Open, zon
• Snoei terug in de lente

✳ ***Asparagus* (Sierasperge)**
• Half-winterharde tot niet-winterharde, groenblijvende meerjarigen
• Varenachtige bladeren
• Vruchtbare, goed doorlatende potgrond
• Halfschaduw
• Plaats niet in de volle zon

✳ ***Aspidistra* (Aspidistra)**
• Half-winterharde groenblijvende meerjarigen
• Glanzende bladeren
• Goed doorlatende zure potgrond met turfmolm
• Halfschaduw of schaduw
• Geef regelmatig water tijdens het groeiseizoen

✳ ***Aster* (Herfstaster)**
• Winterharde meerjarigen
• Margriet-achtige herftbloemen
• Vruchtbare, goed doorlatende potgrond
• Zon of halfschaduw
• De laagblijvende cultivars zijn het best geschikt als kuipplant

✳ ***Astilbe* (Astilbe)**
• Winterharde meerjarigen
• Pluimen van geveerde zomerbloemen
• Vruchtbare, goed doorlatende potgrond
• Halfschaduw
• Niet te vaak verpotten

✳ ***Begonia* (Begonia)**
• Half-winterharde tot niet-winterharde groenblijvende meerjarige en eenjarige planten
• Zomerbloemen en mooie bladeren
• Vruchtbare, goed doorlatende, liefst zure potgrond
• Schaduw of halfschaduw
• De meeste soorten kunnen op een vorstvrije plek overwinteren

✳ ***Bellis perennis* (Madeliefje)**
• Winterharde meerjarigen, als tweejarigen geteeld
• Lentebloemen
• Vruchtbare, goed doorlatende potgrond
• Zon of halfschaduw
• Verwijder uitgebloeide bloemen om bloei te verlengen

✳ ***Bergenia* (Bergenia)**
• Winterharde, groenblijvende meerjarigen
• Leer-achtige bladeren en purperroze winter- en lentebloemen
• Arme, goed doorlatende potgrond
• Zon of halfschaduw
• Scheur de wortelkluit in de lente

✳ ***Brassica oleracea* (Sierkool)**
• Winterharde eenjarigen, groenblijvende tweejarigen, of meerjarigen
• Sierlijke herfst- en winterbladeren
• Goed doorlatende, liefst zure potgrond
• Zon
• Teel van in de lente, buiten gezaaid zaad

✳ ***Buxus* (Buxus)**
• Winterharde, groenblijvende struiken en bomen
• Kleine bladeren en een verzorgd uiterlijk
• Goed doorlatende potgrond
• Zon, halfschaduw of schaduw
• Zeer geschikt om in strakke vormen te snoeien.

✳ ***Calceolaria* (Pantoffelplantje)**
• Winterharde tot niet-winterharde eenjarigen
• Zomerbloemen
• Goed doorlatende vocht-vasthoudende potgrond
• Zon of schaduw
• De merkwaardige bloemen bloeien gedurende een lange tijd.

✳ ***Calendula* (Goudsbloem)**
• Winterharde eenjarigen
• Oranje, crèmekleurige en gele lente- tot herfstbloemen
• Elke goed doorlatende potgrond
• Zon
• Verwijder de uitgebloeide bloemen om de bloei te verlengen

✳ ***Calluna* (Struikheide)**
• Winterharde, groenblijvende struiken
• Klok- tot urnvormige, enkele of dubbele, zomer- tot herfstbloemen
• Vruchtbare, goed doorlatende, zure potgrond
• Open, zon
• Een enorm aantal variëteiten verkrijgbaar

✳ ***Camellia* (Camellia)**
• Winterharde tot half-winterharde, groenblijvende struiken en bomen
• Lentebloemen en glanzende, groene bladeren
• Goed doorlatende, neutrale tot zure potgrond
• Beschutte halfschaduw
• Vermeerderen door middel van bladstekken

✳ ***Campanula* (Klokjesbloem)**
• Winterharde eenjarigen, tweejarigen en meerjarigen, sommigen zijn groenblijvend
• Klok- en stervormige zomerbloemen
• Vochtige maar goed doorlatende potgrond
• Zon of schaduw
• De hangende variëteiten bloeien maanden

✳ ***Celosia* (Celosia)**
• Half-winterharde meerjarige planten, geteeld als eenjarigen
• Pluimen met zomerbloemen
• Goed doorlatende potgrond
• Beschut, maar in de zon
• Rode, oranje, roze en zalmkleurige bloemen

✳ ***Ceratostigma* (Ceratostigma)**
• Winterharde tot half-winterharde, bladverliezende tot groenblijvende struiken
• Blauwe late zomer- en herfstbloemen, herfstbladeren
• Goed doorlatende potgrond
• Zon
• Verwijder dood hout in de lente

✳ ***Chamaecyparis lawsoniana* (Lawsoncipres)**
• Winterharde coniferen met naaldvormige bladeren
• Het hele jaar bladeren
• Goed doorlatende potgrond
• Zon
• Dwerg- en laagblijvende variëteiten zijn het best geschikt als kuipplant

✳ ***Cheiranthus* (Muurbloem)**
• Winterharde meerjarigen, en lage struiken, sommige groenblijvend of half-groenblijvend
• Geurende lentebloemen
• Goed doorlatende potgrond
• Zon of halfschaduw
• Planten kunnen wat verwilderen, maar de geur is heerlijk

✳ ***Chlorophytum* (Sprietenplant)**
• Half-winterharde en niet-winterharde, groenblijvende meerjarigen
• Glanzende bladeren
• Vruchtbare, goed doorlatende potgrond
• Iedere plek
• Houd uit de volle zon

✳ ***Choisya ternata* (Choisya)**
• Winterharde, groenblijvende struiken
• Geurende lentebloemen en glimmende bladeren
• Goed doorlatende potgrond
• Zon
• Vermeerderen met behulp van tussenstekken

✳ ***Chrysanthemum* (Chrysant)**
• Winterharde eenjarigen en meerjarigen, sommigen groenblijvend
• Zomer- tot herfstbloemen
• Goed doorlatende potgrond
• Zon
• Alle vormen doen het goed in potten

✳ ***Coleus blumei* (Siernetel)**
• Niet-winterharde eenjarigen, of groenblijvende lage struiken
• Gekleurde bladeren
• Goed doorlatende potgrond
• Zon of halfschaduw
• Verwijder de uitgebloeide bloemen om bladvorming en -kleur te verbeteren

✳ ***Convallaria majalis* (Lelietje-der-dalen)**
• Winterharde meerjarigen, geteeld uit rhizomen
• Geurende lentebloemen
• Vochtige potgrond met bladaarde
• Zon of halfschaduw
• De plant met de lekkerste geur van alle

✳ ***Cordyline* (Cordyline)**
• Winterharde tot half-winterharde, groenblijvende struiken en bomen
• Langwerpige bladeren
• Vruchtbare, goed doorlatende potgrond

- Zon of halfschaduw
- Beter bestand tegen de winter dan gedacht

✳ *Cotoneaster* (Dwergmispel)
- Winterharde, bladverliezende of groenblijvende struiken en bomen
- Herfstvruchten en decoratieve bladeren
- Goed doorlatende potgrond
- Zon of halfschaduw
- Het hele jaar door nuttig op onbeschutte plekken

✳ *Crocus* (Krokus)
- Winterharde meerjarige bolplanten
- Lente- en herfstbloemen
- Goed doorlatende potgrond
- Zon
- Geschikt voor lage schalen

✳ *Cuphea ignea* (Lucifersplant)
- Half-winterharde tot niet-winterharde, groenblijvende lage struik
- Buisvormige, oranjerode zomerbloemen
- Vruchtbare, goed doorlatende potgrond
- Zon
- Geef ruim water gedurende het groeiseizoen

✳ *Cupressus* (Cipres)
- Winterharde, groenblijvende struiken en bomen
- Aantrekkelijke bladeren en een interessante vorm
- Iedere potgrond
- Zon
- Ale soorten hebben geurende bladeren

✳ *Cyclamen* (Cyclaam)
- Winterharde tot niet-winterharde meerjarigen, geteeld uit knollen
- Herfstbloemen
- Goed doorlatende potgrond met humus
- Zon of halfschaduw
- Houd de knollen droog na het afsterven van bloemen en blad

✳ *Cytisus* (Brem)
- Winterharde bladverliezende of groenblijvende struiken
- Groot aantal boonvormige lentebloemen
- Arme, goed doorlatende potgrond
- Zon
- Voorzichtig verplanten

✳ *Dahlia* (Dahlia)
- Half-winterharde, struikachtige meerjarigen, geteeld uit knollen
- Zomer- herfstbloemen
- Goed doorlatende potgrond
- Zon
- Bewaar de knollen in de winter op een droge vorstvrije plek

✳ *Dianthus* (Aster)
- Winterharde, groenblijvende, groepjes vormende meerjarigen
- Zomerbloemen en attractieve bladeren

- Goed doorlatende potgrond
- Zon
- Kies geurende variëteiten en verwijder de uitgebloeide bloemen

✳ *Diascia* (Diascia)
- Winterharde tot half-winterharde eenjarigen en meerjarigen, enkele groenblijvend
- Buisvormige zomerbloemen
- Goed doorlatende potgrond
- Zon
- Produceren gedurende een lange periode grote hoeveelheden bloemen

✳ *Dryopteris* (Mannetjesvaren)
- Winterharde, bladverliezende of half-groenblijvende varens
- Shuttle-vormige kroon
- Vochtige potgrond
- Halfschaduw of schaduw
- Verwijder de gaande bladeren

✳ *Echeveria* (Echeveria)
- Niet-winterharde, rozetvormende, meerjarige succulenten
- Attractieve bladeren en zomerbloemen
- Zeer goed doorlatende potgrond
- Zon
- Deze succulenten zijn goed uitgerust om droogte te overleven

✳ *Elaeagnus* (Olijfwilg)
- Winterharde, bladverliezende of groenblijvende, struiken en bomen
- Attractieve bladeren, vruchten en geurende lente- tot herfstbloemen
- Vruchtbare, goed doorlatende potgrond
- Groenblijvende planten in de zon of schaduw, bladverliezende soorten in de zon
- Groenblijvende variëteiten kunnen in vorm worden gesnoeid

✳ *Erica* (Struikheide)
- Winterharde tot half-winterharde, groenblijvende, houtige struiken
- Bloemen en het hele jaar door bladeren
- Arme goed doorlatende, zure potgrond
- Zon
- Verschillende variëteiten bloeien in elke maand van het jaar

✳ *Erythronium* (Hondstand)
- Winterharde meerjarigen, geteeld uit knollen
- Hangende bloemen en soms gevlekte bladeren
- Goed doorlatende potgrond met humus
- Halfschaduw
- Laat de knollen in de zomer niet te heet worden

✳ *Euonymus* (Kardinaalsmuts)
- Winterharde, groenblijvende of bladverliezende struiken en bomen
- Bladeren
- Goed doorlatende potgrond
- Zon of halfschaduw

- De groenblijvende variëteiten zijn het best geschikt als kuipplant

✳ *Euphorbia* (Wolfsmelk)
- Winterharde struiken, succulenten en meerjarigen, groenblijvend of half-groenblijvend, eenjarigen
- Bladeren en lentebloemen
- Vochtige, maar goed doorlatende potgrond
- Zon of halfschaduw
- Melksap kan de huid irriteren

✳ *Eustoma* (Eustoma)
- Niet-winterharde eenjarigen en meerjarigen
- Klaproos-achtige zomerbloemen
- Goed doorlatende potgrond
- Zon
- Purperkleurige, roze en witte bloemen, die contrasteren met zilverkleurige bladeren

✳ *Fatsia* (Fatsia)
- Winterharde, groenblijvende struiken
- Grote bladeren
- Vruchtbare, goed doorlatende potgrond
- Zon of halfschaduw
- In de zomer vermeerderen door tussenstekken

✳ *Ficus pumila*
- Niet-winterharde, groenblijvende klimplant
- Trillende bladeren
- Vruchtbare, goed doorlatende potgrond
- Halfschaduw
- Een plant die van vochtige grond houdt

✳ *Fritillaria imperialis* (Keizerskroon)
- Winterharde, meerjarige bolplanten
- Hangende klokvormige lentebloemen
- Goed doorlatende potgrond
- Zon of halfschaduw
- Laat de grond in de winter en lente niet te droog worden

✳ *Fuchsia* (Fuchsia)
- Winterharde tot half-winterharde, bladverliezende of groenblijvende struiken, soms als eenjarige geteeld
- Zomer- en herfstbloemen
- Vochtige, maar goed doorlatende potgrond
- Beschutte halfschaduw of schaduw
- Laat de half-winterharde soorten niet bevriezen en snoei aan het eind van de lente terug

✳ *Gaultheria* (Gaultheria)
- Winterharde, meerjarige struiken
- Attractieve bladeren, lente- tot zomerbloemen en vruchten
- Vochtige, zure potgrond
- Halfschaduw of schaduw
- Houd de grond, vooral in de zomer, vochtig

✳ *Gazania* (Gazania)
- Half-winterharde meerjarigen, vaak als eenjarigen geteeld
- Margriet-achtige zomerbloemen
- Zandige potgrond
- Zon
- Bloemen openen zich alleen in de zon

✳ *Geranium* (Ooievaarsbek)
- Half-winterharde tot niet-winterharde meerjarigen, sommige half-groenblijvend
- Lente- en zomerbloemen
- Iedere goed doorlatende potgrond
- Zon, sommige soorten doen het beter in de schaduw
- Vele hebben gedurende lange perioden prachtige bloemen en bladeren

✳ *Gleditsia* (Valse christusdoorn)
- Winterharde, bladverliezende bomen
- Attractieve bladeren
- Vruchtbare, goed doorlatende potgrond
- Zon
- Spectaculaire herfstkleuren

✳ *Gypsophila* (Gipskruid)
- Winterharde eenjarigen en meerjarigen
- Delicate lente- en zomerbloemen en blad
- Goed doorlatende potgrond
- Zon
- De rotsplanten doen het goed als potplanten

✳ x *Halimiocistus* (Halimiocistus)
- Winterhard, hybride geslacht van groenblijvende struiken
- Schotelvormige zomerbloemen
- Goed doorlatende potgrond
- Beschutte, zonnige plek
- De planten zijn wekenlang overladen met bloemen

✳ *Hebe* (Hebe)
- Winterharde tot half-winterharde, groenblijvende struiken
- Fijne bladeren en dichte bloeiaren
- Goed doorlatende potgrond
- Zon
- Bescherm in de winter tegen de koude

✳ *Hedera* (Klimop)
- Winterharde, groenblijvende, houtige, hangende meerjarigen of klimplanten
- Vol in het blad
- Goed doorlatende, basische potgrond
- Iedere plek is geschikt
- Een nuttige groenblijvende hangplant om vóór in kuipen te plaatsen

✳ *Helichrysum* (Strobloem)
- Winterharde tot niet-winterharde eenjarigen, meerjarigen of groenblijvende heesters en struiken
- Zomer en herfst
- Vruchtbare, goed doorlatende potgrond
- Zon
- Heeft veel zon nodig

✳ *Heliotropium* (Zonnewende)
- Winterharde tot niet-winterharde eenjarigen
- Geurende zomerbloemen
- Vruchtbare, goed doorlatende potgrond
- Zon
- Geteeld om zijn geur

✳ *Helleborus* (Helleborus)
- Winterharde meerjarigen, waarvan sommige groenblijvend zijn
- Winter en lentebloemen
- Goed doorlatende, vocht-vasthoudende potgrond
- Halfschaduw
- Schitterende bloemen en bladeren

✳ *Heuchera* (Heuchera)
- Winterharde, groenblijvende meerjarigen
- Attractieve bladeren en rode, roze en witte bloemen
- Vochtige, maar goed doorlatende potgrond
- Halfschaduw of schaduw
- Brons- of paarsgekleurde bladeren

✳ *Hosta* (Hosta)
- Winterharde meerjarigen
- Decoratieve bladeren en zomerbloemen
- Vochtige, maar goed doorlatende potgrond
- Halfschaduw of schaduw
- Sommige bloemen geuren

✳ *Houttuynia* (Houttuynia)
- Winterharde, bladverliezende meerjarigen, geteeld uit rhizomen
- Aromatische bladeren
- Vochtige potgrond
- Halfschaduw
- Schitterende, kleurige bladeren

✳ *Hyacinthus* (Hyacint)
- Winterharde meerjarige bolplanten
- Prachtige bloei met geurende, buisvormige lentebloemen
- Goed doorlatende potgrond
- Zon of halfschaduw
- Zet in de lente hyacinten in huis, omdat ze zo heerlijk ruiken

✳ *Hydrangea* (Hortensia)
- Winterharde, bladverliezende struiken of groenblijvende klimplanten
- Opvallende zomerbloemen
- Vruchtbare, goed doorlatende potgrond
- Zon of halfschaduw
- Ideaal in kuipen

✳ *Ilex* (Hulst)
- Winterharde, bladverliezende of groenblijvende struiken en bomen
- Glanzende bladeren en vruchten
- Goed doorlatende potgrond

• Zon of halfschaduw
• Langzame groeier, maar kan in vorm worden gesnoeid

✳ ***Impatiens* (Vlijtig liesje)**
• Niet-winterharde eenjarigen en hoofdzakelijk groenblijvende meerjarige heesters en struiken
• Zomerbloemen
• Vochtige, maar goed doorlatende potgrond
• Iedere plek
• Lang bloeiseizoen

✳ ***Juniperus* (Jeneverbes)**
• Winterharde coniferen naaldachtige bladeren
• Bessen en het hele jaar door blad
• Goed doorlatende potgrond
• Zon
• Kan tegen extreme omstandigheden

✳ ***Kalanchoe* (Kalanchoë)**
• Niet-winterharde, meerjarige succulenten of struiken
• Vlezige bladeren, en klok- of buisvormige lentebloemen
• Goed doorlatende potgrond
• Zon of halfschaduw
• Houd in de winter droog en uit de vorst

✳ ***Lantana* (Lantana)**
• Niet-winterharde, groenblijvende meerjarigen, of struiken of eenjarigen
• Lente- tot herfstbloemen
• Goed doorlatende potgrond
• Zon of halfschaduw
• Verwijder groeitoppen om meer blad te krijgen. Geef gedurende het groeiseizoen ruim water

✳ ***Laurus* (Laurier)**
• Winterharde, groenblijvende bomen
• Aromatische bladeren
• Vruchtbare, goed doorlatende potgrond
• Zon of halfschaduw
• Beschut, geef in de winter af en toe water

✳ ***Lavandula* (Lavendel)**
• Winterharde tot half-winterharde, groenblijvende struiken
• Aromatische grijsgroene bladeren en zomerbloemen
• Vruchtbare, goed doorlatende potgrond
• Zon
• Probeer in mildere klimaten ***Lavandula lanata***

✳ ***Leucothoe* (Leucothoë)**
• Winterharde, groenblijvende, half-groenblijvende of bladverliezende struiken
• Witte, lente- tot zomerbloemen en attractieve bladeren
• Vochtige, maar goed doorlatende, zure potgrond
• Halfschaduw of schaduw
• Enkele nieuwe variëteiten hebben veelkleurige bladeren

✳ ***Lewisia* (Lewisia)**
• Winterharde tot half-winterharde meerjarigen, sommige groenblijvend
• Zomerbloemen en rozetten van succulente bladeren
• Goed doorlatende potgrond
• Zon of halfschaduw
• Bescherm de rozetten in de winter tegen vocht

✳ ***Ligustrum* (Liguster)**
• Winterharde bladverliezende, half-groenblijvende of groenblijvende struiken en bomen
• Glanzende bladeren
• Goed doorlatende potgrond
• Zon of halfschaduw
• Handige kuipplanten

✳ ***Lilium* (Lelie)**
• Winterharde meerjarige bolplanten
• Zomerbloemen
• Goed doorlatende potgrond
• Halfschaduw
• Regale lelies zijn het makkelijkst te telen

✳ ***Lithodora* (Lithodora)**
• Winterharde groenblijvende heesters of struiken
• Lente- tot zomerbloemen
• Vochtige, maar goed doorlatende, kalkarme potgrond
• Zon of halfschaduw
• Intensblauwe bloemen

✳ ***Lobelia* (Lobelia)**
• Winterharde tot niet-winterharde eenjarigen, meerjarigen, of bladverliezende of groenblijvende struiken
• Lente- tot zomerbloemen
• Vochtige, maar goed doorlatende potgrond
• Zon of halfschaduw
• Laat de eenjarigen in de zomer niet te veel uitdrogen

✳ ***Lobularia* (Lobularia)**
• Winterharde eenjarigen
• Kleine zomer- en vroege herfstbloemen
• Goed doorlatende potgrond
• Zon
• Verwijder regelmatig de uitgebloeide bloemen

✳ ***Lonicera* (Kamperfoelie)**
• Winterharde tot niet-winterharde, bladverliezende tot groenblijvende, struiken en klimplanten
• Geurende zomerbloemen
• Iedere vruchtbare, goed doorlatende potgrond
• Zon of halfschaduw
• Teel de klimplanten in een grote pot en leid ze langs een latwerk

✳ ***Lotus berthelotii* (Lotus)**
• Niet-winterharde meerjarigen, sommige half-groenblijvend
• Zilverkleurige bladeren en zomerbloemen
• Goed doorlatende potgrond
• Zon
• Een hangende plant ideaal voor hangpotten

✳ ***Malvastrum latiritium* (Malvastrum)**
• Kruipende meerjarigen
• Overdadige zomer- en herfstbloei
• Goed doorlatende, zure potgrond met zand
• Zon
• Bloemen zijn bleekroze met steenkleurig centrum

✳ ***Mimulus* (Maskerbloem)**
• Winterharde tot half-winterharde eenjarigen en meerjarigen
• Leeuwebek-achtige zomerbloemen
• Vochtige potgrond
• Zon
• Houd vochtig en verwijder de uitgebloeide bloemen om de bloei te verlengen

✳ ***Muscari* (Blauw druifje)**
• Winterharde meerjarige bolplanten
• Bloeiwijze met kleine bloemen
• Goed doorlatende potgrond
• Iedere plek
• De blauwe of witte bloemen hebben een botergeur

✳ ***Myosotis* (Vergeet-mij-nietje)**
• Winterharde eenjarigen, tweejarigen of vaste planten
• Lentebloemen
• Vruchtbare, goed doorlatende potgrond
• Zon of halfschaduw
• De blauwe bloemen worden roze

✳ ***Nandina domestica* (Heilige bamboe)**
• Winterharde, groenblijvende of half-groenblijvende struik
• Attractieve bladeren
• Vruchtbare, goed doorlatende potgrond
• Zon
• De jonge bladeren zijn in de herfst paarsrood

✳ ***Narcissus* (Narcis)**
• Winterharde meerjarige bolplanten
• Lentebloemen
• Goed doorlatende potgrond
• Zon of halfschaduw
• Vele variëteiten, meestal geel of wit

✳ ***Nerine* (Nerine)**
• Winterharde tot half-winterharde meerjarige bolplanten
• Wasachtige, roze herfstbloemen
• Lichte, zandige potgrond
• Zon
• Wortels houden niet van verstoringen

✳ ***Nicotiana* (Tabaksplant)**
• Winterharde tot niet-winterharde eenjarigen en meerjarigen, geteeld als eenjarigen
• Langbloeiende, meestal geurende bloemen
• Vruchtbare, goed doorlatende potgrond
• Halfschaduw of schaduw
• Sommige variëteiten hebben een sterkere geur dan andere

✳ ***Nymphaea* (Waterlelie)**
• Winterharde tot niet-winterharde, bladverliezende meerjarige, drijvende waterplanten
• Glanzende bladeren en schitterende zomerbloemen
• Zon
• Verwijder de dode bladeren, zodat het water niet vuil wordt

✳ ***Papaver* (Klaproos)**
• Winterharde eenjarigen, tweejarigen en meerjarigen, sommige groenblijvend
• Kleurige zomerbloemen
• Vochtige, maar goed doorlatende potgrond
• Zon of halfschaduw
• Bergvariëteiten doen het goed als kuipplant

✳ ***Pelargonium* (Geranium)**
• Niet-winterhard, meestal groenblijvend, vaak gecultiveerd als eenjarige
• Zomerbloemen en attractieve bladeren, soms geurend
• Goed doorlatende potgrond
• Zon
• Neem stekken aan het eind van de zomer

✳ ***Pentas lanceolata* (Pentas)**
• Niet-winterharde, struikachtige meerjarigen, geteeld als eenjarigen
• Zomerbloemen
• Vruchtbare goed doorlatende potgrond
• Zon of halfschaduw
• Sommige variëteiten hebben witte en roze bloemen

✳ ***Pernettya* (Pernettya)**
• Winterharde, groenblijvende struiken
• Opvallende herfstvruchten
• Vochtige, maar goed doorlatende, zure potgrond
• Zon of halfschaduw
• Er zijn mannelijke en vrouwelijke planten nodig om bessen te produceren

✳ ***Petunia* (Petunia)**
• Niet-winterharde, struikachtige meerjarigen, geteeld als eenjarigen
• Zomer- tot herfstbloemen
• Goed doorlatende potgrond
• Zon of halfschaduw, uit de wind
• Sommige variëteiten hebben een zoete geur

✳ ***Phormium* (Phormium)**
• Winterharde, groenblijvende meerjarigen
• Stevige, zwaardvormige bladeren
• Vochtige, maar goed doorlatende potgrond
• Zon of halfschaduw
• Veel variëteiten met gestreepte of veelkleurige bladeren

✳ ***Phyllostachys nigra* (Zwarte bamboe)**
• Winterharde, groenblijvende groepjesvormende bamboe
• Mooie stengels en bladeren
• Goed doorlatende potgrond
• Zon of halfschaduw
• De stengels worden in het tweede jaar zwart

✳ ***Picea* (Spar)**
• Winterharde naaldbomen
• Het hele jaar door bladeren
• Goed doorlatende potgrond
• Zon
• Veel soorten met blauwe, zilver- of goudkleurige naalden

✳ ***Pieris* (Pieris)**
• Winterharde groenblijvende struiken
• Kleurige bladeren en kleine, urnvormige lentebloemen
• Vochtige, zure potgrond
• Beschutte halfschaduw
• Nieuwe bladeren in de lente zijn roze

✳ ***Pinus* (Den)**
• Winterharde naaldbomen
• Het hele jaar door bladeren
• Goed doorlatende potgrond
• Zon
• Verschillende soorten zijn ideaal voor onbeschutte plaatsen

✳ ***Plecostachys* (Plecostachys)**
• Half-winterharde, groenblijvende heester
• Aantrekkelijke zilverkleurige bladeren
• Goed doorlatende potgrond
• Zon
• Geschikte hangplant om vóór in de kuipen te planten

✳ ***Plectranthus* (Plectranthus)**
• Niet-winterharde, groenblijvende, hangende of struikachtige meerjarige
• Mooie bladeren
• Vochtige potgrond
• Zon of halfschaduw
• Snoei toppen in het groeiseizoen terug zodat de takken niet verward raken

✳ ***Plumbago* (Mannentrouw)**
• Half-winterharde tot niet-winterharde eenjarigen, groenblijvende struiken, meerjarigen of houtige klimplanten
• Sleutelbloem-achtige zomerbloemen, soms geurend
• Goed doorlatende potgrond
• Zon
• Bind de takken op en verwijder in de lente de groei van het vorige jaar

✳ ***Pogonatherum paniceum* (Pogonatherum)**
• Half-winterhard, groenblijvend gras

- Laagblijvende pollen gras
- Goed doorlatende potgrond
- Zon of halfschaduw
- Decoratieve bamboe-achtige plant

✳ ***Polygonatum* x *hybridum* (Salomonszegel)**
- Winterharde meerjarigen, geteeld uit rhizomen
- Lente- of vroege zomerbloemen
- Vruchtbare, goed doorlatende potgrond
- Halfschaduw of schaduw
- Scheuren in de lente

✳ ***Polygonum affine* (Duizendknoop)**
- Winterharde eenjarigen, meerjarigen, groenblijvende en bladverliezende klimplanten
- Zomerbloemen
- Vochtige, maar goed doorlatende potgrond
- Zon of halfschaduw
- De bladeren worden in de herfst en winter bronskleurig

✳ ***Polypodium* (Eikvaren)**
- Winterharde, groenblijvende tot bladverliezende varens
- Mooie bladeren
- Vochtige, maar goed doorlatende potgrond
- Halfschaduw
- Decoratief en makkelijk te telen

✳ ***Portulaca* (Portulaca)**
- Half-winterharde, vlezige eenjarigen en meerjarigen
- Kleurige zomerbloemen
- Goed doorlatende potgrond
- Zon of halfschaduw
- Bloemen openen zich alleen als de zon schijnt

✳ ***Potentilla* (Ganzerik)**
- Winterharde meerjarigen en bladverliezende struiken
- Schotelvormige zomerbloemen
- Goed doorlatende potgrond
- Zon
- Langdurige, overvloedige bloei met gele, oranje, roze en witte bloemen

✳ ***Primula* (Sleutelbloem)**
- Winterharde tot niet-winterharde eenjarigen, tweejarigen of vaste planten, sommige zijn groenblijvend
- Aantrekkelijke lentebloemen
- Goed doorlatende potgrond
- Zon of halfschaduw
- Er zijn zeer veel kleuren verkrijgbaar

✳ ***Pulsatilla vulgaris* (Wildemanskruid)**
- Winterharde meerjarigen, soms groenblijvend
- Staande of hangende, klok- of komvormige lentebloemen
- Goed doorlatende potgrond met humus
- Zon
- Wortels houden niet van verstoring

✳ ***Ranunculus asiaticus* (Ranonkel)**
- Winterharde tot half-winterharde meerjarige knolplanten
- Late lentebloemen
- Vochtige, maar goed doorlatende potgrond
- Zon of halfschaduw
- Overwinteren op een vorstvrije plek

✳ ***Rhododendron* (Rododendron)**
- Winterharde, groenblijvende tot bladverliezende struiken
- Opvallende lentebloemen en soms herfstbladeren
- Vruchtbare, goed doorlatende, zure potgrond met humus
- Halfschaduw of schaduw
- Behalve de grotere soorten geschikte kuipplanten

✳ ***Rosa* (Roos)**
- Winterharde, bladverliezende struiken en klimplanten
- Geurende bloemen en rozebottels
- Vruchtbare, vochtige, maar goed doorlatende potgrond
- Zon
- Laagblijvende struikvormige variëteiten zijn het best geschikt als kuipplant

✳ ***Rosmarinus* (Rozemarijn)**
- Winterharde, groenblijvende struiken
- Aromatische bladeren en lentebloemen
- Goed doorlatende potgrond
- Zon
- Zet de potten zo dat u de bladeren kunt aanraken en ruiken

✳ ***Salvia* (Salie)**
- Winterharde tot niet-winterharde eenjarigen, tweejarigen en vaste planten. Groenblijvende tot half-groenblijvende struiken of heesters
- Zomer- tot herfstbloemen en gekleurd blad
- Goed doorlatende potgrond
- Zon
- Sommige soorten hebben geurende bladeren

✳ ***Santolina* (Heiligenbloem)**
- Winterharde, groenblijvende struiken
- Aromatische, zilverkleurige bladeren en gele zomerbloemen
- Goed doorlatende potgrond
- Zon
- Het hele jaar door interessant

✳ ***Saxifraga longifolia* en *S. paniculata* (Steenbreek)**
- Winterharde tot half-winterharde, groenblijvende meerjarigen
- Rozetten en lente- tot zomerbloemen
- Goed doorlatende, basische potgrond
- Zon
- Uitstekende plant voor troggen en gootsteenbakken

✳ ***Scabiosa* (Duifkruid)**
- Winterharde eenjarigen en meerjarigen, soms groenblijvend
- Speldenkussen-achtige zomerbloemen
- Vruchtbare, goed doorlatende, alkalische potgrond
- Zon
- Sommige soorten geuren

✳ ***Scilla* (Sterhyacint)**
- Winterharde tot half-winterharde, meerjarige bolplanten
- Kleine, vaak blauwe lentebloemen
- Goed doorlatende potgrond
- Zon of halfschaduw
- Laat de bloemen binnenshuis bloeien

✳ ***Sedum* (Vetkruid)**
- Winterharde tot niet-winterharde, succulente eenjarigen, groenblijvende tweejarigen of meestal groenblijvende meerjarigen
- Mooie bladeren en zomer- tot herfstbloemen
- Goed doorlatende potgrond
- Zon
- Behoeft slechts weinig grond om in te groeien

✳ ***Sempervivum* (Huislook)**
- Winterharde, groenblijvende meerjarigen
- Rozetten van vlezige bladeren en zomerbloemen
- Goed doorlatende potgrond met scherp zand
- Zon
- Behoeft slechts weinig grond om in te groeien

✳ ***Senecio* (Kruiskruid)**
- Winterharde tot niet-winterharde eenjarigen, al dan niet succulente meerjarigen, of groenblijvende heesters en struiken
- Aantrekkelijke bladeren en gewoonlijk margriet-achtige lente- tot herfstbloemen
- Goed doorlatende potgrond
- Zon of halfschaduw
- Een zilverbladige soort

✳ ***Skimmia* (Skimmia)**
- Winterharde, groenblijvende struiken of bomen
- Lentebloemen, aromatische bladeren, en kleurige herfstvruchten
- Vocht-vasthoudende potgrond
- Halfschaduw of schaduw
- Zet in de buurt van het huis voor hun heerlijke geur

✳ ***Solanum capsicastrum* (Appeltje-der-liefde)**
- Winterharde tot niet-winterharde, groenblijvende heesters
- Glanzende bladeren en mooie wintervruchten
- Goed doorlatende potgrond
- Zon
- Mooie planten voor de winter

✳ ***Tagetes* (Afrikaantje)**
- Half-winterharde eenjarigen
- Heldere zomer- tot herfstbloemen
- Goed doorlatende potgrond
- Zon
- Bloeit langdurig

✳ ***Taxus* (Taxus)**
- Winterharde naaldbomen
- Het hele jaar door mooie bladeren
- Goed doorlatende potgrond
- Iedere plek
- Bessen zijn giftig

✳ ***Thuja* (Levensboom)**
- Winterharde coniferen
- Het hele jaar door blad
- Goed doorlatende potgrond
- Iedere plek
- Bladeren met een fruitgeur

✳ ***Thunbergia alata* (Thunbergia)**
- Half-winterharde tot niet-winterharde snelgroeiende eenjarige klimplanten
- Kleine oranje-gele zomerbloemen
- Vruchtbare, goed doorlatende potgrond
- Zon of halfschaduw
- Plant na de vorst

✳ ***Thymus* (Tijm)**
- Winterharde tot half-winterharde, groenblijvende struiken of heesters
- Aromatische bladeren
- Vochtige, maar goed doorlatende potgrond
- Zon
- Teel in de buurt van de keuken

✳ ***Tolmiea menziesii* (Kindje-op-moeders-schoot)**
- Winterharde meerjarigen, soms groenblijvend
- Attractieve bladeren
- Goed doorlatende, neutrale tot zure potgrond
- Halfschaduw of schaduw
- Vermeerderen door jonge plantjes te verwijderen

✳ ***Tradescantia* (Wandelende jood)**
- Winterharde tot niet-winterharde meerjarigen, soms groenblijvend
- Kruipend en decoratief blad
- Vruchtbare, goed doorlatende potgrond
- Zon of halfschaduw
- Kamerplanten die het in de zomer goed doen buiten

✳ ***Tropaeolum majus* (Oostindische kers)**
- Winterharde tot niet-winterharde eenjarigen, meerjarigen of klimplanten
- Heldere zomerbloemen
- Goed doorlatende potgrond
- Zon
- Bladluizen kunnen een probleem vormen

✳ ***Tulipa* (Tulp)**
- Winterharde meerjarige bolplanten
- Kleurige lentebloemen
- Goed doorlatende, liefst basische potgrond
- Zon of halfschaduw
- Verkrijgbaar in allerlei vormen, kleuren en maten

✳ ***Verbena* (IJzerhard)**
- Winterharde tot niet-winterharde meerjarigen en tweejarigen, geteeld als eenjarigen
- Kleurige zomerbloemen
- Goed doorlatende potgrond
- Zon of halfschaduw
- Sommige hebben geurende bloemen

✳ ***Vinca* (Maagdenpalm)**
- Winterharde, groenblijvende, kruipende heesters of meerjarigen
- Decoratieve bladeren en met tussenpozen lente- tot herfstbloemen
- Goed doorlatende potgrond
- Iedere plek
- Bloeit meer in de zon

✳ ***Viola* (Viooltje)**
- Winterharde tot half-winterharde eenjarigen en meerjarigen, soms half-groenblijvend
- Verschillende variëteiten bloeien het hele jaar door
- Goed doorlatende, vochtvasthoudende potgrond
- Iedere plek
- Verwijder de uitgebloeide bloemen om de bloei te verlengen

✳ ***Weigela* (Weigela)**
- Winterharde, bladverliezende struiken
- Opvallende lente- tot zomerbloemen, aantrekkelijke bladeren
- Vruchtbare potgrond
- Zon
- Gekleurde en bonte variëteiten zijn verkrijgbaar

✳ ***Yucca* (Yucca)**
- Winterharde tot niet-winterharde, groenblijvende struiken en bomen
- Stevige, zwaardvormige bladeren en opvallende zomerbloemen
- Goed doorlatende potgrond
- Zon of halfschaduw
- Beter tegen de winter bestand dan vaak gedacht

✳ ***Zinnia* (Zinnia)**
- Half-winterharde eenjarigen
- Grote, dahlia-achtige zomerbloemen
- Vruchtbare, goed doorlatende potgrond
- Zon
- Gestreepte- en gevlektbloemige variëteiten zijn verkrijgbaar

Register

Y

Z

Dankbetuigingen

De auteur zou de volgende personen voor hun hulp bij de totstandkoming van dit boek willen bedanken: Charlotte Fraser, wier adviezen op het gebied van tuinieren van onschatbare waarde waren; Jenny en Richard Raworth. mevrouw P. Franklin en Sara Franklin, Anne Mollo, Kathleen Darby, de heer en mevrouw D. Zelouf en mevrouw B. Hervey die ons toestonden hun tuinen te fotograferen; Ken Vincent van Terracotta UK in Covent Garden, die ons belangeloos vele potten en bakken beschikbaar stelde; Sally Tamplin voor het uitlenen van haar mooie plantenstandaard; het Garden History Museum en de Chelsea Physic Garden voor het uitlenen van oud tuiniersgereedschap en Brinkman Brothers voor het ter beschikking stellen van bomen.

Ook wil ik Quentin Roake bedanken voor al zijn hulp en steun en verder vooral Stephen Bennington, May Cristea, Veronica Hitchcock, Alex Starkey en Roddy Wood; Sally Smallwood, die de supervisie had over het art-work in dit boek tot ze haar baby (Joe) kreeg; project-redacteur Mary-Clare Jerram en redacteur art-work Kevin Ryan, die een hecht team vormden.

Alle foto's zijn van Matthew Ward, behalve: A.G.E. Fotostock 7, L'Ami des Jardins/J.F. Jarreau *169*, Boys Syndication/Jacqui Hurst *33*, *92*, *107*, *123*, *135*, *144* (onder); Eric Crichton *85*, *87*, (boven), *93*; Geoff Dann *22-3*, *24-5*; English Flower Garden/John Murray *6*; Fisons plc *176*, *177*; Garden Picture Library/Brian Carter *69*, *74*, *118*; Garden Picture Library/ Derek Fell *110* (boven); Garden Picture Library/John Neubauer *130*; Garden Picture Library/Ron Sutherland *11*, *106*, *149* (onder), *166*; Garden Picture Library/Steve Wooster *143*; Derek Harris 9, *10* (boven en onder), *140*; Jacqui Hurst *61*, *84*, *124-5*, *127*, *131*, *132-3*, *148*, *150*, *151*; ICI Agrochemicals *176*, *177*; Insight/Linda Burgess *8*, *14*, *32*, *134*, *142*, *146-7*; Graham Kirk *50*, *67* (boven), *164-5*, *166*; Steve Robson *139*, *149* (boven), Shell U.K. *176*; Harry Smith *76*, *177*; Michael Warren *177* en Steve Wooster *115*.